미루는 습관 극복하기

Overcoming procrastination habits

미루는 습관 극복하기

리스창 지음 | 홍민경 옮김

정민
미디어

경중의 차이는 있겠지만, 누구에게나 미루는 습관이 있다. 심각한 수준의 미루기가 아닐지라도 '이 일은 좀 이따가 할래' 하는 식으로 늘어질 때가 있다. 그런데 이 정도의 미루기도 '미루기병'의 범주에 들어갈까? 당연히 아니다. 하는 일이 잘 풀리지 않으면, 혹은 여러 일로 말미암아 에너지가 다 소진되면 하던 일을 잠시 미루게 마련이다. 그렇다면 단순한 미루기와 미루기병을 어떻게 구분할 수 있을까? 가장 간단한 구분 방법은 미루기 행동으로부터 심리적 부담과 정신적 고통이 생기는지를 보면 된다.

미루기병에 걸리지 않은 사람들은 미루기 행동에 얽매이지 않는다. 그 이유는 다양하다. 삶을 좀 더 여유롭고 편하게 사는 데 초점을 두어서, 일을 빨리빨리 대충 하기보다 실수 없이 완벽하게 하는 것을 더 선호해서, 지금 당장 진지하게 고민하고 결정해야 할 문제가 있어서 등등. 여기서 주목할 점은 그 어떤 이유를 막론하고 그들은 미루기 행동 때문에 심리적 고통을 느끼지 않는다는 점이다.

반면, 미루기 습관 때문에 일상은 물론 자기 심리에 심각한 문제를 겪는 사람들도 있다. 미루기 습관으로 말미암아 그들이 겪는 심리적 고통은 분노, 초조, 걱정, 불안을 넘어 자책과 우울 나아가 절망으로까지 이어진다.

미루기병에 걸린 사람들은 겉으로 보기에 딱히 문제가 없는 듯하다. 그래서 구별이 잘 안 된다. 그들은 공무원, 교수, 교사, 학생, 주부 등 다양한 직업군에 골고루 포진해 있다. 겉으로 보기에 평온한 삶을 살고 있는 듯도 한데, 실상 그들의 내면은 미루기병으로 말미암은 극심한 고통에 시달리고 있다. 그들은 미루기병 때문에 해야 할 일을 빈번히 끝내지 못한다. 이로부터 분노하고 좌절하고 후회하길 반복하며 고통스러워한다. 한 번 그런 증상을 겪고 난 후 다시는 반복하지 않겠노라 다짐하지만, 결국 또 미루기를 하고 한바탕 내적 몸살을 앓는다.

우리는 미루기 심리를 확실히 꿰뚫고 있어야 한다. 그래야 미루기병을 예방할 수 있고, 걸렸다면 그 증상을 발견하여 치료할 수 있다.

이 책은 미루기병의 형성 원인, 각종 유형 및 증상 등을 다루면서 이해하기 쉬운 이론과 실사례를 곁들여 전방위적인 이해를 돕고 있다. 이 책을 통해 미루기병이 우리 일상에 어떤 식으로 악영향을 주는지 살펴보고, 그렇다면 미루기병을 어떻게 극복해야 하는지 고민해보자. 이 책으로 새로운 한 해의 시작을, 새로운 한 달의 시작을, 새로운 한 주의 시작을, 새로운 하루의 시작을 맞이하길 바란다. 그리하여 인생이 정말 혁신적으로 바뀌길 기대한다.

CONTENTS

미루기 극복과 전진 모드

| PART 1 |

미루기
심리
전격
해부

**미루기
심리
전격 해부**

CHAPTER 1

미루기 심리의 형성 :
미루기병이 숙주에 착상하는
경로 추적하기

미루기병, 넌 정체가 뭐냐?

　홀륭한 자질을 갖추고 성공한 사람들은 해야 할 일을 절대 미루지 않는다. 이 '미루지 않기'는 그들을 빛나게 만드는 가장 중요한 덕목 중 하나다. 지금 성공하는 삶을 꿈꾸는가? 그렇다면 해야 할 일을 미루지 말고 바로 실행에 옮기는 습관을 길러야 한다.

　그런데 이런 미루기 습관은 누군가에게만 특정되는 현상이 아니다. 해야 할 일을 미루는 습관은 학생, 직장인, 사장, 가정주부 등에 이르기까지 나이와 지위를 막론하고 누구에게나 마수를 뻗친다. 남들은 눈치채지 못하더라도 나를 가장 잘 아는 사람은 바로 나 자신이다. 당신이 미루기 늪에 이미 빠져 있다면 당장 이 문제를 해결하기 위해 대책을 마련해야 한다.

　'설마 이게 미루기병이겠어?'

　이런 생각이 들면서 자신의 증상이 미루기병인지 긴가민가한다면 몇 가지 패턴이나 증상과 대조해보는 것도 좋다. 우선 사례 하나를 살펴보자.

내 지인들 중 심각한 미루기 습관을 지닌 인물로는 N만한 이가 없다. 그녀는 임신했을 때 무료한 시간도 때울 겸 태어날 아기에게 입힐 옷을 뜨기 위해 예쁜 털실을 사서 바구니에 담아놓았다. 하지만 그녀는 만사가 귀찮은 듯 침대에 누워 뜨개질을 차일피일 미뤘고, 털실 바구니가 눈에 들어올 때마다 "일단 뭘 좀 먹고 나서 시작하자", "드라마 한 편 좀 보고 하자" 하는 식으로 토를 달았다. 하지만 막상 밥을 먹고, 드라마 한 편 보고 나면 밖은 어느새 어두컴컴해져 있었다. 그럼 또 이런 악마의 속삭임이 들려왔다.

"밤에 전등 불빛 아래서 뜨개질을 하면 임산부 눈에 좋을 리 없어. 아무래도 내일 하는 게 좋겠어."

다음 날에도 그녀는 똑같은 핑계를 대며 뜨개질을 미뤘다.

그녀의 남편은 자상하고 착한 남자라 늘 그녀 편에 서서 생각했고, 뜨개질 때문에 그녀에게 스트레스를 준 적이 단 한 번도 없었다. 한번은 그녀의 시어머니가 서랍장 위에 놓인 털실을 보고 힘들면 대신 뜨개질을 해주겠다고 나선 적도 있었다. 그녀는 잠시 고민하는가 싶더니 이내 고개를 저으며 아기옷은 자신이 직접 만들어주겠다고 고집부렸다. 하지만 배가 불러올수록 꼼짝도 하기 싫은 마음 역시 덩달아 커졌고, 그녀는 아이가 태어난 후에 뜨개질을 해도 된다며 점점 자기 마음과 타협하기 시작했다.

시간은 눈 깜짝할 사이에 흘러가 마침내 예쁜 공주님이 태어났다.

육아에 온 신경을 쓰는 사이에 아이는 어느새 두 살이 되었고, 그때까지도 그녀는 뜨개질에 손조차 대지 못했다. 원래는 아이에게 예쁜 원피스를 만들어줄 생각이었지만, 아이가 두 살이 되고 나니 원피스를 만들기에 실이 넉넉하지 않았다. 그래서 그녀는 원피스 대신 조끼를 떠주기로 마음을 바꿨다. 하지만 그런 계획은 여전히 마음속에만 있을 뿐이었고, 그녀는 전과 다름없이 뜨개질을 차일피일 미뤘다. 아이가 세 살이 되자 털실은 조끼를 뜨기에 부족했고, 결국 그녀는 목도리를 떠주기로 마음을 바꿨다. 하지만 그 후로도 뜨개질은 시작조차 하지 않았다.

그렇게 시간이 흘러 털실의 존재는 그녀의 기억 속에서 서서히 사라졌고, 아이는 자라서 초등학생이 되었다. 그러던 어느 날 아이가 물건을 찾기 위해 서랍장을 뒤적이다 털실을 발견했다. 빛바랜 털실에는 세월의 흔적이 묻어 있고 좀이 슬어 있었다. 아이가 그녀에게 무슨 털실이냐고 물었다. 그녀는 그제야 아이에게 만들어주려던 원피스를 떠올렸다.

이 사례는 내 주변에서 일어난 작은 일화에 불과하지만, 이 안에 바로 미루기 습관의 비밀이 숨어 있다. 미루기 습관을 지닌 사람은 대부분 일을 미루는 심리에 좌지우지되고, 늘 각종 핑계로 그것을 합리화한다. 그래서 미루기 습관을 극복하고 싶으면 이런 심리부터 먼저 던져버려야 한다. 어떤 일을 결심한 후 곧바로 행동하지 않으면 결국 그일은 영원히 마무리할 수 없다.

사실, 정도의 차이만 있을 뿐 우리는 모두 비슷한 자기합리화를 통해 오늘 해야 할 일을 내일로 미룬다. 현재의 즐거움에 안주하며 결국 맞닥뜨려야 하는 고통을 뒤로 미루는 식이다. 그러나 그것은 피할 수 없는 고통이고, 언젠가 우리에게 타격을 가하고 외적 평온을 무너뜨리고 말 것이다. 그렇다면 일을 미루는 증상은 어떤 요인 때문에 나타나는 것일까?

1. 명확한 비전의 부재

일을 미루는 가장 중요한 이유 중 하나는 바로 무엇을 위해 노력해야 할지 종잡을 수 없을 만큼 막막하고 혼란스러운 미래 때문이다. 미래에 대한 명확한 비전이 보이지 않는데 어떻게 일의 동력이 생겨날 수 있을까? 확실한 목표와 구체적인 계획이 있을 때, 그것의 실현을 위한 동기가 부여될 수 있다.

2. 부적절한 계획

일을 통해 최상의 결과를 얻어내려면 일반적 기준이 아닌, 높은 기준을 염두에 두어야 한다. 원하는 결과를 얻기 위해서는 철저한 조사와 논증, 광범위한 의견 확보를 통해 발생 가능한 모든 상황을 고려해 1%의 허점도 허용하지 않아야 한다.

3. 시간의 부족

바쁘다는 것과 능률이 높은 것은 별개의 문제다. 그래서 하루 중 시간대를 잘 활용하는 데 능수능란해야 한다. 일반적으로 오전에는 머리가 맑아 일의 효율이 가장 높으므로 난도가 높고 중요한 업무를 이 시간대에 배치하는 것이 좋다. 오후에는 두뇌 회전이 비교적 둔해지므로 머리를 쓰기보다 활동량이 많은 일에 집중하면 좋다. 이렇게 하면 업무 효율을 높여 일을 조속히 마무리하는 데 도움 된다.

4. 피로감

대다수 사람은 일을 미룰 때 피로를 핑계로 대는 경우가 많다. 하지만 실제로 그들을 정말 피로하게 만드는 것은 한 가지 일을 끊임없이 미루는 데 있다.

피로는 어느 정도 통제가 가능하다. 우리가 충분한 휴식을 취하고, 절차에 따라 임무를 완수하며 한 가지 목표에 도달한다면 피로를 줄이고 자신감을 높여 미루기 심리를 점차 극복할 수 있다.

5. 결과에 대한 두려움

결과에 대한 두려움은 일을 미루는 또 다른 원인이다. 어떤 사람들은 임무를 제대로 수행할 능력이 없기에 행동으로 옮기기를 꺼리고 실패를 두려워한다. 믿기 어렵겠지만 성공을 두려워하는 사람들도 있다. 아마도 특정한 임무를 완수한 후 떠안아야 할 원치 않는 결과를 알고 있기 때문이 아닐까 싶다. 이와 관련해서 우리는 어떤 임무를 완수했을 때와 그렇지 못했을 때의 결과물에 대한 명확한 인식이 필요하다.

6. 자제력 부족

지금 우리는 자극적 요소에 무방비로 노출되어 있으며 그로 말미암아 주의력이 떨어져서 더욱더 집중하기 어려운 시대에 살고 있다. 따라서 일하기 전에는 휴대전화, 인터넷처럼 집중에 방해가 될 요소를 먼저 배제하는 것이 가장 좋다.

7. 게으름

게으름은 미루기 습관에 항상 함께 따라붙는 실과 바늘 같은 존재다. 사실, 하고 싶지 않은 일은 좋아하지 않거나 하기 힘든 일이 대부분이다. 그래서 미루기 심리를 극복하려면 우선 게으름에서 벗어나야 한다. 모든 일은 시작이 어려울 뿐이고, 일단 시작하면 일의 속도에 탄력이 붙게 되어 있다. 하고 싶지 않지만 반드시 해야 하는 일을 우선순위에 두고, 하기 어려운 일을 분산시켜 각개 격파하는 것이 좋다. 또한 결정하기 어려운 일일수록 즉시 결정을 내려야 한다. 최악의 결정은 바로 아무 결정도 내리지 않는 것이다.

요컨대 미루는 것은 문제를 해결하는 데 아무런 도움이 안 된다. 미룬다고 해서 문제가 사라지지도 않기 때문이다. 그것은 단지 도피에 지나지 않고, 심지어 문제를 더 심각하게 만들 뿐이다. 그런데도 당신은 왜 계속해서 도피하려 하는가? 성공을 부르는 습관의 차이가 바로 여기에 있다. 성공한 사람들은 자신에게 주어진 일을 절대 미루는 법이 없다.

미루기병이 찾아올 때
그 징후를 알아챌 수 있을까?

행동만이 자신과 목표 사이의 거리를 좁힐 수 있다고 했다. 이때 미루기는 행동의 적이고, 끊임없이 두려움을 만들어낸다. 성공한 사람은 말보다 행동으로 보여주고, 내실 있는 행동을 통해 자신의 바람을 현실로 만들어낸다. 반면에 미루기병이 있는 사람은 항상 '상대방이 협조해주지 않아서', '불가능한 일이라서', '일이 재미 없어서' 등등의 핑계를 붙이며 자신의 습관적인 병을 합리화한다. 이런 일이 반복되면 '일은 점점 재미없어지고, 인생은 계속 지루해지는' 늪에 빠지게 된다. 갈수록 부정적이고 수동적으로 변하면서 절망감과 게으름에 빠져든다. 이런 증상들이 깊어지면서 결국 미루기병이 생긴다.

당신이 미루기병에 걸렸다면 아마 스스로 인정하고 싶지 않아서 대답을 회피할지도 모른다. 이것이 바로 감정적 저항이다. 이런 저항력만 사라져도 당신의 실행력은 훨씬 강화될 수 있다.

어떤 일에 직면했을 때 그 일의 난도가 높다고 생각되면 거부감부터 들고, 어떻게든 미루고 싶어 이런저런 핑곗거리를 찾는다. 일종의 회피인 셈이다. 하지만 설령 그 일을 끝까지 미룬다 해도 상황이 좋아질 거라고 장담할 수 없다. 결국 일을 미루는 행위 자체가 삶의 본질을 무너뜨릴 수 있다.

이번에는 내 친구의 이야기를 해볼까 한다. 그의 이야기는 누구에게나 일어날 수 있는 일이기에 더 의미하는 바가 크다.

사례 올해 서른두 살인 J는 세무서에서 일하고 있다. 대인관계가 좋은 데다 안정적인 직업을 가진 만큼 당연히 그에게도 결혼을 약속한 여자 친구가 있었다. 두 사람은 지난 몇 년 동안 누가 봐도 달달한 연애를 하며 적당한 때를 봐서 결혼할 예정이었다. 그런데 생각지 못한 복병이 두 사람을 하루아침에 갈라놓았다.

일의 전후 상황은 이러했다. 그의 여자 친구가 출장을 가게 되면서 일주일 뒤 월요일 여동생의 생일을 챙길 수 없게 되었다. 그래서 그녀는 남자 친구의 안목을 믿고 전화를 걸어 대신 선물을 사달라고 부탁했다.

그는 여자 친구의 부탁인 만큼 특히 신경이 쓰일 것 같아 전화를 끊자마자 외출 준비를 시작했다. 그러다 문득 오늘이 화요일이니 다음 주 월요일까지 엿새나 더 남아 있다는 생각이 머리를 스쳤다. 그 정도 시간이면 선물을 사기에 충분하니, 굳이 서두를 필요가 없었다. 그래서 그는 다시 책상 앞에 앉아 컴퓨터를 켜고 목요일 회의에 쓸 보고서를 작성하기 시작했다.

바쁘게 이틀을 보내고 목요일 회의가 마무리되었다. 비로소 여유가 생기자 그는 퇴근 후 선물을 사러 갈 계획을 세웠다. 그런데 퇴근할 때쯤 친한 동료가 함께 식사하자며 찾아왔다. 그는 아무 때나 사러 가도 되는 선물 때문에 동료의 부탁을 거절할 수 없어서 흔쾌히 수락했다.

눈 깜짝할 사이에 토요일이 되었지만, 그는 여전히 선물 사러 가는 일을 계속 미뤘다.

'고작 물건 하나 사는 거잖아. 쇼핑몰에 가서 몇 분만 투자하면 되는 거 아냐? 모처럼 회사에서 해방된 주말인데 오늘은 일단 쉬고 내일 가자.'

그는 이런 생각으로 자신을 합리화했다.

다음 날, 그는 선물을 사기 위해 쇼핑몰을 한 바퀴 돌아봤지만 무엇을 사야 할지 선뜻 결정하지 못했다.

'여자 친구가 내 안목을 믿고 부탁까지 했는데 절대로 실망시킬 수 없지. 그럼 뭘 사야 좋을까? 내가 고른 선물이 맘에 안 든다고 화를 내면 어쩌지……'

그는 이런저런 생각에 빠져 한참 주저하다 결국 선물을 고르지 못한 채 좀 더 고민해본 후 다음 날 다시 사러 나오기로 했다. 여자 친구의 여동생 생일 파티가 월요일 저녁에 열리니 아직 시간이 촉박한 것도 아니었다. 하지만 월요일 저녁이 되도록 그는 선물을 사지 못했고, 결국 꾀병까지 부려가며 여자 친구와의 만남을 회피했다.

3개월 뒤, 결국 두 사람이 헤어졌다는 소식이 내 귀에 들어왔다.

친구 J의 러브스토리가 비극으로 끝난 이유는 미루기 습관 때문이었다. 그는 자신이 할 일을 미루는 과정에서 무수히 많은 핑계를 댔다. 그의 주변에서 일어나는 모든 일과 그가 맞닥뜨린 모든 사람이 그의 핑곗거리가 되어주었다. 회의, 동료와의 식사, 주말 맞이 휴식 등등 마음만 먹으면 핑곗거리는 얼마든지 가져다 붙일 수 있었다.

핑곗거리는 어디에나 존재하기 때문에 누구나 손쉽게 찾아낼 수 있다. 하지만 '하나의 거짓말을 덮기 위해 백 개의 거짓말이 더 필요하다'라는 말처럼 핑계 역시 마찬가지다. 하나의 핑곗거리를 찾아서 해야 할 일을 미루고, 그 일을 미룰 때마다 새로운 핑곗거리가 쌓인다.

핑곗거리는 마약 같아서 한 번 손대면 또 하고 싶은 유혹에 빠지고 결국 중독의 늪에서 헤어나지 못한다. 그리고 중독의 대가는 가혹해서 우리에게 소중한 사랑, 가족, 사업, 성공, 책임 등을 빼앗아 간다. 과연 이런 대가를 치르면서까지 핑계를 대며 일을 미뤄야 할까?

사실, 미루기는 시간과 에너지를 절약하는 데 도움 되지 못할뿐더러 사람을 한없이 지치게 만든다. 이 정도 이유로도 미루기 악몽에서 벗어나기 힘들다면 결정타를 날릴 마지막 카드가 기다리고 있다. 그것은 바로 미루는 습관이 시간과 에너지뿐 아니라 우리의 생명을 갉아 먹는다는 사실이다.

자, 이쯤에서 당신에게도 미루기병이 있는지 간단한 테스트로 살펴보자.

1. 해야 할 일 리스트가 꽉 차 있고, 그중 중요한 일과 부차적인 일이 무엇인지를 정확히 알고 있다. 그런데도 당신은 중요하지 않고, 별로 어렵지 않게 해낼 수 있는 일을 먼저 처리하면서 중요한 일은 계속 뒤로 미룬다.
2. 일을 시작하는 시간을 늘 1시 30분, 2시 등 30분 단위로 맞춰둔다.

3. 남들이 당신의 시간을 빼앗거나 일을 방해하는 행동을 싫어하지 만, 사실 시간을 가장 소중하게 여기지 않는 사람은 정작 당신 자 신이다.
4. 마음을 다잡고 일을 하기 위해 자리에 앉았다가도 집중력을 높 이기 위해 커피나 차를 마셔야 한다며 다시 자리에서 벗어난다.
5. 어떤 일을 하는 과정에서 돌발 상황이 벌어지거나 생각에 변화 가 생기면 즉시 그 일을 중단한다.

이 5개 항목 중 3개 이상이 해당한다면 당신은 이미 '미루기병 환자' 대열에 들어선 것이다. 미루기병을 세분하면 크게 네 가지로 정리할 수 있다.

1. 학습과 관련된 미루기병

말 그대로 학습과 관련된 일을 차일피일 미루고, 공부해야 할 과목 이나 방과 후 활동 등을 바로 처리해야 한다는 긴장감이 전혀 없는 병이다. 당연한 말이지만 배움을 게을리하는 사람은 좋은 성적을 받기 어렵고, 지식의 깊이가 얕을 수밖에 없다. 지식 습득은 부지런 한 습관과 연관되어 있다. 중국의 소설가이자 혁명가인 루쉰 역시 이런 말을 남겼다.

'위대한 업적과 근면함은 정비례를 이룬다. 일한 만큼 성과를 거두 고, 그 성과가 세월과 함께 조금씩 쌓이다 보면 기적을 만들기도 한다.'

근면은 똑똑한 사람을 실력 있는 인재로 만들어준다. 반면에 나태함은 똑똑한 사람조차 무능한 낙오자로 전락시킨다.

어떤 사람은, 자신은 아직 젊으니 시간이 많다고 자만할지도 모른다. 하지만 이런 부류의 사람이 간과하고 있는 점이 한 가지 있다. 그것은 바로 지금 당장 똑똑한 사람도 배움을 계속 이어가지 못하면 급변하는 시대에 적응하지 못하고 도태될 수 있다는 사실이다. 배움을 부지런히 이어갈 사람만이 준비된 인재가 될 수 있다.

2. 일과 관련된 미루기병

상사의 거듭되는 재촉을 받고 나서야 보고서를 작성해 제출한 경우가 많은가? 매일 아침 출근하자마자 어젯밤 시청한 드라마 이야기를 하느라 30분을 허비한 적이 있는가? 업무를 시작하기 전에 동료와 수다 떨며 하루를 시작하는가? 당신이 상사에게 인정받지 못한다면 그 답이 바로 이 질문 속에 숨어 있다.

영화감독 우디 앨런은 이런 말을 했다.

"사람들은 그들 삶에서 90%의 시간을 그저 무의미하게 흘려보냅니다. 대다수 사람의 삶은 단순히 먹어야 해서 먹고, 버스를 타야 해서 타고, 일해야 해서 하고, 집에 돌아가야 해서 돌아가는 수준에 머물러 있어요. 게다가 그들은 한가로이 쇼핑하러 다니느라 되도록 빨리 처리해야 할 일을 자꾸 뒤로 미루죠."

미루기 습관을 초래하는 소극적 태도는 마치 역병처럼 영혼을 잠식하고, 우리의 의지와 진취적인 사고마저 병들게 하며, 정상적인 잠재 능력의 발굴마저 막아 결국 평생 아무것도 이루지 못한 채 후회하는 인생을 살게 만든다.

3. 연애 혹은 결혼과 관련된 미루기병

주변을 돌아보면 결혼 적령기를 놓친 남녀가 갈수록 많아지고 있고, 당신 역시 그중 한 사람일지 모른다. 그 이유는 무엇일까? 이것 역시 미루기의 결과물일 수 있다. 우리는 연애나 결혼을 위해 노력하기보다 안정적인 직장을 먼저 가져야 한다고 생각한다. 즉, 일과 삶이 만족스러울 때 사랑과 결혼에 대해 본격적으로 생각해보고 싶어 한다. 하지만 정작 그때가 되면 연애와 결혼이 '발등에 떨어진 불'이 되는 경우가 대부분이다.

4. 가족에 대한 사랑과 관련된 미루기병

'나무는 고요하고자 하나 바람이 그치지 않고, 자식은 부모를 봉양하고자 하나 부모가 기다려주지 않는다'라는 말이 있다. 인생의 큰 비극 앞에서 한숨이 절로 나오는 대목이다. 돈이 없을 때는 돈을 버느라 가족들에게 신경 쓸 여력이 안 생기고, 정작 경제적 안정이 찾아왔을 때는 함께 모시고 여행을 떠날 부모님이나 가족이 더는 곁에 있지 않을 때가 더 많기 때문이다. 시간이 우리를 기다려주지 않듯 가족도 마찬가지다. 그래서 가족에 대한 사랑을 표현하고 싶다면 더는 미루지 말고 그때그때 최선을 다해서 해야 한다.

당장 해야 할 일은 그 즉시 처리해야 한다. 우리는 현재를 살고 있다. 우리에게 내일은 불확실한 미래에 불과하다. 그런 내일을 믿고 오늘 해야 할 일을 미루는 것은 도박이나 다름없다. 현재의 삶을 멋지고 알차게 살아낼 때 비로소 내일의 삶이 결정된다.

선천적 미루기병이 존재할까?

　미루기 습관이 생기는 원인에 대해 학계에서도 의견이 분분하다. 어떤 학자는 생리학적 원인을 그 이유로 제시했다. 그들은 인간의 대뇌 안에 집행 능력 및 여과 작용을 책임지는 전두엽 피질이 있고, 이것이 대뇌의 다른 어떤 부분에서 파생되는 주의력 분산과 관련된 자극을 낮추는데 이 부분의 활성이 저하되거나 손상되면 영향을 받게 된다고 보고 있다.

　심리적 차원의 원인을 제시한 학자들도 있다. 그들은 사람이 성장할수록 접촉하는 범주도 끊임없이 확장되고 경쟁에 따른 인간의 심리에도 변화가 생겨 미루기 습관에 서서히 물들거나 그 늪에서 헤어나지 못하게 된다고 말한다.

　학계 견해가 이렇게 갈리는 상황에서 미루기 습관은 과연 선천적일까, 후천적일까? 사실 그 답은 후자에 더 가깝다. 나는 미루기 습관을 타고난 병으로 보지 않는다. 그렇다면 내 주변에서 일어난 두 가지 사례를 통해 미루기 습관이 어떻게 만들어지는지 추적해보자.

사례 　첫 번째 사례는 친구 S의 이야기다. 식품 회사의 작업장 주임인 그는 그 자리에 오른 지 3년 되었다. 가끔 친구들끼리 만나 얘기를 나누자면 우리는 3년 전에 열정으로 가득하던 그를 떠올리곤 했다. 3년 전에 말단 직원으로 공장에 취직한 그는 매일 아침 일찍 일어나 작업장에 가장 먼저 출근하며 일을 배웠다. 사장은 작업장에 들를 때마다 늘 그곳에 남아 열심히 일하고 있는 그의 모습을 볼 수 있었다. 그렇게 1년이 흘러가는 동안 그는 매달 우수 사원으로 선정되었고, 그 능력을 인정받아 마침내 작업장 주임으로 승진했다.

그런데 이제 막 관리직 그룹에 발을 들여놓은 그에게서 전과 같은 열정이 사라지기 시작했다. 어느 날 그는 점심 식사를 마친 후 평소처럼 작업장 생산 현황을 살펴보러 갈 준비를 했다. 그때 다른 주임의 말이 그의 발목을 잡았다.

"뭐가 그리 급해? 직원들이 다 알아서 하니까 천천히 가도 돼."

그가 듣기에도 일리가 있는 말이었다. 그래서 그는 괜한 걸음을 하느니 막간을 이용해 낮잠 좀 자고 업무 시간에 맞춰 복귀하기로 마음먹었다. 얼마 후 잠에서 깨어나니 다른 주임들이 둘러앉아 카드놀이를 하는 모습이 눈에 들어왔다. 한순간 마음이 동요된 그는 자연스럽게 그들 틈에 끼어서 함께 담배를 피우고 차를 마시며 오후 시간을 흘려보냈다.

두 번째 사례는 나와 옛 여자 친구 사이에서 일어난 일이다. 꽤 오랫

동안 사귀던 여자 친구는 원래 부지런한 사람이었다. 그런데 어느 순간 부터 매사에 게으름을 피우며 미루기 좋아하는 그녀의 모습이 눈에 들어오기 시작했다. 일뿐만 아니라 생활 속에서도 그녀의 미루기 습관은 곳곳에서 드러났다. 어느 날 주말 아침에 나는 먼저 일어나 밥을 차린 후 침대로 그녀를 깨우러 갔다. 그러자 그녀가 나를 밀쳐내며 말했다.

"급할 거 없잖아. 조금만 더 잘게. 오늘은 주말인걸."

"오늘 쇼핑하기로 했잖아? 얼른 먹고 준비해야지."

"피곤해. 나 잘 동안 자기는 게임 좀 하고 있어. 좀만 더 자고 오후에 천천히 준비하고 나가자."

그 순간 깊은 한숨이 절로 나왔다. 그토록 사랑스럽고 부지런하던 그녀는 더 이상 내 곁에 없었다.

위의 두 사례를 통해 미루기 습관은 선천적이라기보다 후천적으로 서서히 형성된다는 것을 분명히 알 수 있다. 미루기 습관이 만들어지는 원인은 타인에 대한 모방, 주변 환경의 영향 등 다양하다. 이 문제에 대해 좀 더 구체적으로 분석해보자.

우선 인간의 선천적 특징 안에 미루기와 관련된 요소는 존재하지 않는다. 알다시피 선천적이라는 것은 태어날 때부터 존재하며 가공을 거치지 않은 것을 가리킨다. 인간은 백지 같은 상태로 이 세상에 태어나기 때문에 우리 안에는 본능과 생리적 욕구만 존재할 뿐이다. 그래서 갓난아기가 배고픔과 목마름을 표현하기 위해 할 수 있는 일은 그저 목청 높여 우는 것뿐이다. 그런 과정을 거쳐 성장하는 동안 우리는 지식을 얻고, 부모와 외부인의 가르침을 통해 세상을 조금씩 알아간다.

우리의 행동들은 모두 성장 과정에서 외부 요인의 영향을 받으며 형성되고, 심리 역시 서서히 변해간다. 일부 학자는 인간의 미루기 행동과 생리적 요소의 연관성을 주장하지만, 이것이 미루기 습관을 선천적 특징으로 규정짓는 근거가 될 수 없다. 한편 인간의 신체는 인위적으로 작동하는 메커니즘이 아니다. 비록 우리의 신체 기관이 대뇌의 명령을 받아 미루는 행동을 수행할 수 있다 해도, 이런 수행 능력의 약화는 후천적 요소의 영향을 받는다.

사회 속에 발을 들여놓고 치열한 경쟁과 마주하면 심리적 압박감은 갈수록 커지고, 감당해야 할 일의 난도 역시 점점 높아질 수밖에 없다. 이런 이유로 도피하는 행동, 즉 미루기 습관이 생겨나는 것이다.

사실 미루기 습관의 원인을 대부분 외부 환경에서 찾을 수 있다는 데 주목할 필요가 있다. 때때로 우리는 미루기 습관을 지닌 사람들이라면 누구나 자기합리화를 위해 변명을 많이 한다고 여길 수 있다. 물론 변명이 맞다. 하지만 여기서 한 가지 짚고 넘어가야 할 점이 있다. 바로 인간의 행동은 주변 환경 변화에 영향을 쉽게 받는다는 점이다. 예를 들어 악천후 때문에 늦게 출근하거나, 몸이 아파서 상사에게 보고서를 제때 제출하지 못하거나 하는 식이다. 일을 미루는 사람의 특징 중 하나는 심리와 행동의 분리다. 무엇을 해야 하고, 어떻게 행동해야 할지 뻔히 알고 있지만, 실제 행동은 마음먹은 대로 되지 않는다. 주중에 가려던 곳을 주말이 되도록 가지 않고, 고객을 만날 예정이었지만 퇴근 시간이 다 되도록 고객에게 전화조차 하지 않는 식이다.

많은 사람이 이런 식으로 심리와 행동을 분리하며 일을 미루는 행동의 핑계를 찾는다. 그리고 이것은 자신의 미루기 행위가 안 좋은 결과를 초래하기 전까지 지속되며, 이런 일의 반복은 결국 진정한 의미의 미루기병으로 굳어진다.

또 다른 하나는 인간의 후천적 심리 변화가 미루기 습관을 형성한다는 사실이다. 어린 시절, 우리는 부모님이 시키는 대로 하며 아무런 근심이나 고민 없이 사는 데 익숙했다. 하지만 나이가 들수록 고민이 많아지고 스스로 처리해야 할 일도 늘어난다. 그렇게 어른이 되어 사회에 발을 내디디면 치열한 경쟁 사회가 우리 앞에 열린다. 이 경쟁에서 살아남으려면 하기 싫은 일도 꾹 참고 해야 한다. 하물며 점점 어려워지는 업무와 도전이 우리 앞을 가로막으며 숨통을 조인다. 그럴 때 우리는 현실에서 도망치고 싶은 마음을 갖게 되고, 그 일을 반드시 해내야 한다는 것을 알면서도 조금이라도 틈만 보이면 어떻게든 시간을 끌어보려고 애쓴다.

한편 개인의 능력이 향상되지 않은 상태라면 늘 능력의 한계를 느끼며 자신이 해낼 수 없으리라고 생각한다. 이런 심리적 상태의 지속은 열등감으로 이어질 수 있다. 이런 심리 역시 높은 수준의 업무를 애써 거부하며 회피하는 이유가 된다.

어떤 사람들은 "내 미루기병은 타고난 거라서 절대 고칠 수 없어" 하며 당연시한다. 일단 이 말을 심리적으로 인정하면 잘못을 고치기보다 동조하고 방치하는 심리가 작동된다. 그래서 우리는 미루기 행위가 타고나는 것이 아니라 후천적으로 습득되는 것임을 명확히 인지하고, 우리에게 미루기 습관을 차츰차츰 극복할 의지와 능력이 있음을 확신해야 한다. 생각을 행동으로 옮기고 계속 노력한다면 좋은 결과 역시 따라오게 마련이다.

미루기 행동의 배후에 자리 잡은 내적 동기

미루기가 나쁜 행동 습관이라는 것은 누구나 아는 사실이다. 그렇지만 이에 앞서 어떤 사람의 미루기 습관 속에 자리 잡은 내적 동기를 주목할 필요가 있다. 어떤 사람들은 누군가를 상대할 때 그의 '꼼수'를 확인하기 전까지는 절대 먼저 자기 생각을 드러내지 않고 때를 기다릴 만큼 용의주도하게 군다. 이는 상대의 패를 보기 전까지 자신의 패를 절대 들키지 않겠다는 심리라고 할 수 있다. 이런 사람들의 미루기 행위는 온전히 자신을 보호하기 위한 내적 동기에서 출발한다. 게으르지 않으면서 미루기를 좋아하는 친구 하나가 언젠가 꽤 인상 깊은 말을 한 적이 있었다.

"난 인생이 바둑판 같다는 생각이 들어. 먼저 섣불리 나섰다가 상대방이 내 수를 간파하면 낭패잖아. 그래서 일이든 뭐든 난 늘 반박자씩 느리게 말하고 행동하려 노력해. 다른 사람의 생각을 정확히 간파하기 전에 내 속을 들키지 않으려는 나름의 노력이지. 마음에 드는 여자를 만났다고 해도 난 절대 먼저 내 속을 다 드러내며 모든 걸 쏟아붓지 않을 거야. 그녀가 날 마음에 들어 하지 않으면 그동안 들인 내 노력이 물거품 되는 거잖아. 안 그러려면 일단 그녀가 먼저 나에게 호감을 드러낼 때까지 기다려야 해. 확신할 수 없는 일에 모든 걸 거는 건 무모한 짓이야. 일도 마찬가지야. 내가 원하는 것이 무엇인지 먼저 드러내면 안 돼. 어떤 일을 결정할 때도 그 자리에서 바로 결정하는 행동은 피해야 해. 그랬다가 상대방이 내 생각을 알아채고 더 유리한 쪽으로 선수를 칠 수 있거든. 내가 보기에 세상 모든 일이 눈치 보기 게임인 것 같아……."

아마도 우리 주변에는 이런 마음으로 세상을 대하는 사람이 적지 않을 것 같다. 그들은 어떤 결정을 해야 할 때 일단 그 결정을 미뤄야 자신을 보호할 수 있다고 믿는다. 그래야 상대방이 그들의 생각을 확신할 수 없어 즉각적인 조처를 할 수 없으니 말이다. 그들은 자기 생각을 먼저 드러내는 순간 상대방의 먹잇감이 된다고 생각한다.

사실 우리의 삶은 주어진 일을 미루고 회피할수록 심리적으로 더 지치고 초조해진다. 남에게 이용당할까 봐 전전긍긍하며 사는데 과연 심리적 안정감이 들까? 자기 보호용으로 일과 결정을 미뤘던 사람들의 경험담을 들어보면 때로는 주도권을 잡기 위해 먼저 치고 나가는 편이 더 좋은 수가 될 수 있다고 한다. 항상 다른 사람들의 생각을 추측하고 알아내기 위해 애쓰는 것보다 차라리 먼저 주도적으로 행동하고, 최악의 상황에 언제라도 대비할 수 있는 묘수를 준비해두는 편이 더 생산적이고 심리적 안정감을 주기 때문이다. 이런 방식이야말로 가장 짧은 시간 안에 적과 동지를 구분하는 데 도움을 준다. 마찬가지로 상대방 역시 당신이 원하는 바를 빠르게 파악하고 대처하며 관심을 보일 수 있다. 사실 사람 사이의 거리가 점점 멀어지고, 갈등의 골이 깊어지게 만드는 원인 중 하나가 바로 미루기 습관이다.

> **사례** L은 대학을 졸업한 지 6년이 되었다. 그녀는 졸업과 동시에 우리 고향에 있는 한 회사에 취직해 고객 서비스 업무를 담당했고, 그곳에서 몇 년 동안 착실하게 일해 매니저 자리까지 올라갔다. 그녀는 사회에 첫발을 내디뎠을 때 누구의 도움도 받지 못한 채 홀로 힘든 시간을 보내야 했다. 그래서 그녀는 신입 직원들에게 하나라도 더 도움을 주려고 애썼다.

그녀가 매니저 직함을 단 지 얼마 되지 않아 고객 서비스 부서에 신입 직원이 들어왔다. 그녀는 같은 대학 출신이라는 이유만으로 그 신입 직원에게 더 마음이 쓰였다. 게다가 신입 직원은 성격도 모나지 않고 일도 잘해 시키지 않은 일도 알아서 척척 잘 처리했다. 일하다가 모르는 게 생기면 주저 없이 물어보는 모습이 흡사 자신의 신입 시절을 보는 듯했다. 그래서 그녀는 그 신입 직원을 더 살뜰히 챙기며 일을 가르쳤고, 상사에게 신입 직원에 대한 칭찬도 아끼지 않았다. 하지만 그렇게 챙기고 믿었던 신입 직원이 은혜를 원수로 갚으며 그녀를 배신하는 일이 벌어지고 말았다.

그녀는 그 신입 직원과 몇 개월간 함께하면서 편하게 이런저런 얘기를 하는 사이로 발전했다. 물론 상사들 얘기를 안줏거리처럼 주고받기도 했고 말이다. 그런데 그녀가 직속 상사에 대해 무심코 뱉은 말한마디가 결국 배신의 씨앗이 되고 말았다. 그녀의 직속 상사는 좋은 사람이지만 업무 능력이 조금 떨어졌는데, 이에 관한 말이 문제가 돼 버렸다.

어느 날, 회사 고객 서비스 부서에 항의 전화가 걸려왔다. 그리고 이 항의 전화는 계속되었다. 그녀는 팀원들과 함께 이 문제를 해결하기 위해 새로운 고객 서비스 계획을 세웠고, 회의를 거쳐 이 안이 통과되었다. 그런데 무슨 이유에서인지 다음 날 그녀의 상사가 이 계획안을 최종 취소했다. 당시 그녀는 직원들이 만장일치로 통과시킨 계획안을 아무 이유 없이 취소했다는 사실에 분개했다. 지난 몇 년 동안 직장에서 나름대로 내공을 쌓은 만큼 그녀는 애써 감정을 추스른 후 상사의 방으로 가 차분히 그 이유를 물었다.

"이유를 알고 싶습니다. 이런 식으로 폐기하기에는 너무 아까운 계획안입니다!"

상사가 그녀를 힐긋 쳐다보았다.

"지금 나를 가르치려 드는 겁니까? 그쪽 능력이 나보다 더 낫다고 생각해서요?"

순간, 그녀는 며칠 전 그 신입 직원에게 했던 말이 확 떠올랐다. 지난 수년간의 경험을 바탕으로 그녀는 자신이 풋내기에게 배신당했음을 금세 알아챘고, 최대한 감정을 누르며 상사를 설득했다.

"사람마다 잘하는 분야가 다르다고 봅니다. 기획 능력만 놓고 보면 제가 부장님보다 나을지 모르지만, 관리 능력 면에서는 부장님의 능력을 따라잡을 수 없으니까요. 이런 이유로 제가 부장님을 상사로 모시고 있는 거고요."

다행히 상사는 그녀의 말에 수긍했다. 상사는 그녀에게 당부의 말을 잊지 않았다.

"일만 하지 말고 주변 사람들을 조심하도록 해요."

그녀는 그 말에 담긴 진심을 알아챘고, 계획안이 통과되었다는 사실에 안도했다. 그리고 그녀는 그 신입 직원을 비난하는 어리석은 짓도 하지 않았다. 그저 이번 일을 계기로 양면성을 드러낸 신입 직원의 행동이 씁쓸하게 느껴질 뿐이었다.

L과 상사 사이의 오해는 제삼자의 이간질로 말미암아 생겨났고, 다행히 그녀가 먼저 솔직하게 해명하면서 깔끔히 마무리되었다. 그녀가 이 오해를 적극적으로 풀지 않고 덮어두었다면 동료의 이간질 때문에 결국 상사와 적이 되었을지도 모른다.

이런 상황에서 회피와 미루는 행동은 자기방어의 역할을 할 수 없고, 도리어 신뢰를 무너뜨리고 사이를 멀어지게 만들 수 있다.

어떤 사람들은 미루기를 복수의 수단으로 착각하기도 한다. 누군가가 자신을 괴롭히고 상처 주었을 때 미루기를 통해 상대를 곤란하게 만들 수 있기 때문이다. 예를 들어 상사에게 한 소리를 듣고 난 후 다음 날 상사가 임원 회의에 들고 갈 분기별 매출 보고서를 이런저런 이유로 제출하지 않는 식이다. 그저 상사를 곤경에 빠뜨리고 싶은 마음뿐이겠지만, 과연 그런 식의 통쾌한 복수가 현실적으로 가능할까? 그런 식으로 업무를 미루는 행동은 자신에게 독이 될 뿐 아니라, 상사와 적이 되는 지름길이다. 이 싸움에서 가장 불리한 입장에 서는 사람 역시 상사가 아니라 본인이기 때문이다. 직장 선배들이 후배들에게 한

결같이 하는 충고가 하나 있다. 바로 상사를 적으로 만들지 말라는 것이다.

요컨대 우리는 한 가지 관점을 더 확실하게 바로잡을 필요가 있다. 어떤 일을 미루는 행위가 반드시 자기를 보호해준다고 볼 수 없고, 진정한 의미의 안정감은 위험을 회피한다고 생기는 것이 아니다. 안정감은 바로 언제라도 위기에 대처할 수 있는 준비를 통해 만들어진다.

미루기 역시 습관처럼
모방과 학습이 가능하다

앞서 언급한 분석을 통해 우리는 사람의 미루기 행위가 타고난 것이 아니라 후천적으로 외부 환경의 영향과 심리적 변화를 거쳐 만들어진다는 사실을 알 수 있었다. 미루기 행위와 습관이 지속되는 한 우리가 이루고자 했던 목표는 항상 미완성으로 남을 수밖에 없다.

마음잡고 일을 시작하려다가도 동료들이 함께 커피를 마시며 수다를 떠는 모습을 보는 순간 어느새 그 틈에 끼어 일은 뒷전으로 밀려난다. 그럴 때 대다수 사람은 이런저런 핑계를 대며 자신의 결정을 합리화한다. '다들 일을 시작도 하지 않았잖아. 급할 거 없어', '저 사람들이 절반 정도 진행했을 때쯤 시작해도 늦지 않아', '다들 놀고 있으니 나도 좀 쉬었다가 시작하지, 뭐' 하는 식으로 말이다. 우리는 늘 이런 식으로 다른 사람을 기준으로 자신의 행동을 가늠하고, 다른 사람이 아직 아무런 움직임을 보이지 않으면 자신 역시 일을 미루고 쉬는 게 당연하다고 생각한다.

이처럼 우리의 일과 삶 속에서 이런 미루기 행위와 습관은 주변 사람들과 밀접하게 연관되어 있다. 그래서 그들의 행동을 모방하고 배우다 보면 자신도 모르게 미루기의 늪에 빠져버린다.

우리가 단체에 속해 있다 보면 무의식적으로 타인의 행동을 기준으로 자기 행동을 판단하고, 타인의 행위와 습관을 모방하고 학습한다. 이런 습관과 행위가 모두 긍정적인 것이 아니더라도 그런 모방과 학습을 피하기란 어렵다. 다음의 두 사례를 살펴보자.

[사례]　S는 활발하고 열정이 넘치던 인물이었다. 그는 한 인터넷 회사 기획팀에서 일했다. 그는 똑똑하고 업무 능력도 뛰어날 뿐 아니라 주변 사람들과도 잘 어울렸다. 또한 협업의 중요성도 잘 알아 동료들과 업무 진행 속도를 맞출 만큼 배려심도 깊었다. 어느 날 팀장이 직원들에게 프로젝트 하나를 맡기며 분담과 협업을 강조했다.

그날 정오에 그가 동료 몇에게 프로젝트에 관해 물었다.

"다들 프로젝트 업무를 시작했어?"

"아직. 목요일에 시작해도 늦지 않는걸. 이 프로젝트와 관련해서 경험이 많으니까 한번 시작하면 얼마 안 걸릴 거야."

"게다가 우리가 기획안을 올릴 때마다 팀장님도 며칠 후에나 확인하셨잖아."

동료들이 약속이나 한 듯 똑같은 말을 하자 그도 왠지 그 말이 일리가 있게 느껴졌다. 그래서 그는 동료들이 하는 대로 미룰 수 있을 때까지 끝까지 버티다 일을 시작했다.

또 다른 사례는 J가 대학교 1학년 때 겪은 일이다. 당시 기숙사는 3인실이어서 베이징 출신 두 명과 산둥에서 온 지방 출신 J가 한방에서 지냈다. 개강 초기 때만 해도 과 친구들과 친하지 않다 보니 세 사람은 늘 붙어 다니며 비슷한 생활 리듬을 이어갔다.

J는 부지런하고 모든 일에 적극적이지만 나머지 둘은 전혀 그렇지 못했다. 베이징 출신의 룸메이트 둘은 처음 기숙사에 왔을 때 수건을 어떻게 빠는지조차 모를 정도였다. 확실히 그 둘은 게으르거나 미루는 등의 안 좋은 습관을 지니고 있었다. 그런데 기숙사생활을 시작한 지 보름이 넘어갔을 때쯤 부지런하고 적극적이었던 그조차 미루거나 게으름을 피우는 행동을 보이기 시작했다.

어느 날 아침 9시 반에 수업이 있었지만 8시 반이 되도록 아무도 일어나지 않자 그가 물었다.

"안 일어날 거야?"

"좀만 더 자고. 9시에 일어나도 충분해."

친구 하나가 대답했다.

"맞아, 30분이면 충분해."

또 다른 친구도 동조하고 나섰다.

"그럼 그러지, 뭐."

그렇게 해서 세 사람은 다시 깊은 잠에 빠져들었다. 얼마 후 눈을 뜬 그가 시계를 확인해보니 시간은 이미 10시가 지나가고 있었다.

위의 두 사례에 등장하는 S와 J는 왜 미루기를 하게 되었을까? 무엇보다도 주변 사람들의 영향이 가장 컸다. 그들은 주변인들이 서두르지 않고 미루는 모습을 보며 긴장에서 벗어나 심리적 안도감을 얻을 수 있었다.

사실 이런 상황은 우리 주변에서 흔히 볼 수 있다. 옛말에 '붉은색을 가까이하면 붉어지고, 먹을 가까이하면 검어진다'라고 했듯이 인간은 환경이나 주변 사람의 영향을 쉽게 받는 존재라고 할 수 있다. 한 사람의 습관을 굳히는 데 환경이 결정적 역할을 한다.

그렇다면 어떤 요인들이 미루기 행위와 습관을 만드는 데 영향을 줄까?

가장 중요한 요소는 바로 군중심리다. 인간은 사회적 동물이고, 누구도 혼자 존재할 수 없다. 당신은 사회 속에서 다양한 사람들과 접촉하게 되고, 당신의 행동 역시 그들의 영향을 받을 수밖에 없다.

예를 들어 직장생활을 하면 친하게 지내는 동료들이 생기게 마련이다. 퇴근 시간이 다 되도록 처리해야 할 업무를 마무리 짓지 못했다고 가정해보자. 당신은 오늘 할 일을 마무리 짓기 위해 퇴근을 미룰 계획이다. 그런데 이때 당신의 친한 동료가 다가와 계획에 없던 제안을 한다.

"퇴근 후에 한잔하러 가자. 모처럼 다들 모이기로 했거든."

"난 아직 할 일이 남아서 안 돼. 오늘은 나 빼고 가."

이때 또 다른 동료가 다가와 그를 부추긴다.

"안 일어나고 뭐 해? 어서 가자! 다들 기다리고 있어."

이 순간 당신의 마음이 흔들리면 결국 마무리 지어야 할 일을 미룬 채 동료들과 함께 퇴근하게 될 것이다.

사람은 누구나 군중심리를 가지고 있다. 특히 처리하기 번거롭거나 심리적 압박감이 큰일에 직면했을 때 그런 심리가 자극을 받고, 그런 상황에서 누군가의 행동을 동조하고 모방하다 보면 자신도 모르는 사이에 미루는 행동에 물들어간다. 이런 미루기 행동은 일단 형성되면 습관으로 발전해 고치기가 어려워진다.

두 번째 요소는 바로 타인의 미루기 행동을 통해 받는 심리적 위안이다. 사람 사이에는 원래 비교 심리가 작용한다. 어떤 사람들은 돈, 사회적 지위 등 외적 요소를 비교 대상으로 삼고, 또 어떤 사람들은 행동을 비교 대상으로 삼는다. 즉, 똑같은 일을 두고 다른 사람이 그것을 했는지를 비교하는 것이다. 이런 비교는 모종의 심리적 안정을 얻거나 혹은 자신의 가치를 증명하기 위한 무의식적 행동이다.

일례로 직장에서 주변 동료들이 어떤 일을 아직 시작조차 하지 않았을 때 우리는 이런 생각을 하며 일을 미루는 자신의 행동을 합리화할 수 있다.

'저 사람도 아직 시작조차 안 했는데 나 혼자 괜히 조급하게 먼저 시작할 필요는 없잖아?'

혹은 마음속으로 이렇게 자만할지도 모른다.

'나 정도 실력이면 저 사람보다 늦게 시작해도 먼저 끝낼 수 있어.'

세 번째 요소는 바로 타인의 미루기 행동에 대한 모방이다. 우리는 태어나면서부터 배우고, 모방하는 과정을 거쳐 말을 하고, 글자를 익히고, 살아가는 법을 알아간다. 이런 것들은 긍정적 모방 행위에 속한다. 반면에 욕설, 나태함, 미루기 등 안 좋은 행위도 자연스러운 학습과 모방을 통해 형성된다.

긍정적이고 능동적인 학습과 모방을 통해 우리는 지식과 기술을 계속 익히며 성장해간다. 그렇지만 안 좋은 행동 습관에 대한 모방은 우리를 부정적이고 나태하게 만든다. 예를 들어 주변의 동료들이 일을 제때 처리하지 않아도 심각한 결과로 이어지지 않는 환경에 자주 노출되면, 당신 역시 주어진 일을 제때 처리할 필요가 없다고 자신에게 암시하게 되고, 그런 심리가 반복되면 결국 미루기 습관의 늪에 빠져 헤어나지 못하게 된다.

네 번째 요소는 주변 사람들에게 좋은 사람으로 인식되고, 무리 속에서 잘 화합하기를 바라는 심리라고 할 수 있다. 당신이 무리 속에서 남들과 다르게 행동하고, 독야청청하는 타입이라면 그 무리 속에서 따돌림을 당하기 쉽다. 이런 상황을 피하기 위해서라도 미루는 법을 자연스럽게 터득할 수밖에 없다.

한마디로 우리의 미루기 행동은 주변 사람들에 대한 모방 학습의 결과물이다. 게다가 이것은 우리에게 심리적 안정감을 줄 수 있다. 하지만 이런 이유로 미루기 습관의 부정적 영향을 과소평가해서는 안 된다. 우리가 어떤 집단에 속해 있을 때 미루기 행위의 부정적 영향을 명확히 인지하고 모방 학습을 경계할 필요가 있다. 한 번 시작된 미루기 행동은 지속적인 습관으로 이어지기 쉽고, 결국 혼자 힘으로 벗어나기 힘든 지경에 내몰릴 수 있다.

미루기의 근본적 원인은 무엇일까?

어쩌면 당신도 미루기병에 걸린 환자 중 한 명이고, 다른 환자들처럼 자신의 미루기 행동에 문제가 있음을 알고 고치려 할지 모른다. 그래서 미루기 습관을 없애고 주어진 일을 제때 처리하려 노력해보지만 늘 생각만 앞설 뿐 행동이 따라주지 않아 계속 똑같은 실수를 반복한다. 미루기의 유혹이 이렇게까지 강력한 것일까? 도대체 무엇이 미루기 행동을 지속하게 만드는 것일까?

앞서 분석했듯이 미루기 행위는 여러 요소의 복합적 결과물이며, 선천적인 것이 아니라 후천적으로 만들어진다. 이때 외적 요소, 즉 타인이 미치는 영향이 매우 크다. 외적 요소만으로는 우리에게 직접적인 영향을 미칠 수 없으며, 내적 요인이 결합하여야 한다. 그래서 미루기 행동을 두고 그 책임을 타인에게 전적으로 돌리는 것은 옳지 않다. 그 문제의 가장 큰 원인은 자신에게 있기 때문이다.

그렇다면 미루기 행동을 초래하는 근본적인 원인은 과연 무엇일까?

미루기는 악순환을 반복하고, 이런 과정에 양해와 용서 역시 동반된다. 양해하고 용서하는 대상은 우리 자신 혹은 타인일 수 있다. 그 대상이 누가 됐든 누군가의 용서와 양해가 계속되는 한 우리는 미루기 행동의 악순환에서 벗어날 수 없다.

사례　대학 후배 중 하나가 졸업 후 한 네트워크 회사에 취업했다. 평소 업무량도 그리 많지 않고, 사장도 좋은 사람이라 직원들을 잘 대해주었다. 후배는 이 회사를 4년간 다녔는데, 이직을 생각해본 적도 없었다. 그런데 최근 대학 동기 몇이 이직하면서 월급이 배로 뛰었다는 얘기를 들으면서 마음이 심란해졌다. 그는 조언을 듣고자 주말에 그 친구들과 약속을 잡았다. 후배는 친구들을 만나 이직 과정에서 이루어진 연봉 인상 비결에 관해 물어보았는데, 한 친구가 이런 말을 해주었다.

"어딜 가든 일이 힘들기는 마찬가지지만 새로 옮긴 곳에 비하면 예전 직장은 양반이야. 연봉은 높아졌는데 일이 너무 힘들어. 예전 직장에서는 힘들면 설렁설렁하기도 했는데 지금은 그랬다간 큰일 나는 분위기야. 가만있어도 누군가 옆에서 계속 일을 재촉하는 기분이랄까? 마치 사장이 착취자처럼 우리를 쥐어짜는 것 같아."

후배는 그 말에 내심 놀랐지만, 연봉을 배로 받는 동기들이 부럽기만 했다.

"듣고 보니 세상에 공짜는 없네. 근데 우리 회사처럼 사장이 너무 잘해줘도 문제야. 사장이 직원들을 쥐어짜지 않으니까 나도 갈수록 느

순해지더라고. 무슨 일을 맡기면 미룰 수 있을 때까지 미루다 막바지가 되어서야 시작하거든. 물론 사장도 때가 되면 재촉을 하지. 근데 그때뿐이야. 게다가 더 웃긴 건 뭔지 알아? 내가 기획서를 계속 미루다 마감일이 훨씬 지나 제출해도 사장 역시 그걸 책상에 그대로 올려둔 채 며칠이 지나서야 확인한다는 거지."

"하하, 너희 사장도 미루기 선수였네."

"그러게. 자기도 그러니까 직원들을 닦달하지 못하는 거겠지. 그리고 직원들 월급이 적은 것도 사장이 직원들에게 함부로 못 하는 이유일 수 있어. 그런 회사에서 일하려는 사람을 찾기 쉽지 않다는 걸 사장도 아는 거지. 그래서 내가 아무리 일을 미루며 제때 마무리를 짓지 못해도 어쩔 수 없이 눈감아주는 거지 싶어."

이 대화 속에서 우리는 후배의 미루기병 원인이 누군가의 지속적인 묵인과 관용 때문이라는 것을 미루어 짐작할 수 있다. 사실 우리에게 관용을 베푸는 사람이 누구이든 그것은 중요하지 않다. 문제의 핵심은 관용의 존재 자체가 우리에게 일을 미루는 이유를 제공한다는 것이다.

관용의 종류를 몇 가지로 나누자면 우선 자신에 대한 관용이 있다. 이것은 다양한 핑계로 자신을 합리화하고 변호하는 것을 가리킨다. 그리고 이 핑계는 단지 자신을 용서하고, 양심의 가책에서 벗어나기 위한 구실에 지나지 않는다. 예를 들어 오늘은 고객을 만나기에 너무 추운 날씨라거나 어제 이별해서 일할 기분이 아니라거나 급체해서 오늘은 야근할 몸 상태가 아니라거나 등등 말이다. 이처럼 일을 미루고 회피하기 위한 핑계는 마치 일을 추진할 완벽한 때를 기다리는 것 같은 착각마저 불러일으킨다. 하지만 이런 때가 과연 존재할까? 우리의 기분과 몸 상태가 안 좋아지는 상황은 예고 없이 찾아올 수 있다. 설마 그럴 때마다 일하지 않고 완벽한 때를 기다려야 하는 걸까?

하물며 우리의 기분이 안 좋고, 날씨가 아무리 안 좋아도 우리는 얼마든지 많은 일을 진행할 수 있다. 우리의 몸과 대뇌는 이런 상황에서도 정상적으로 제대로 기능할 수 있기 때문이다. 더구나 자기 행동을 합리화할 변명거리를 찾고 고민하느라 시간만 더 낭비하게 된다. 변명과 자기합리화는 단지 죄책감을 덜고 자신의 마음을 편하게 하려는 구실에 불과하다.

또 다른 관용은 타인에게서 오는 것이다. 일을 미룬 죄책감을 덜기 위해 우리는 자신의 잘못에 너그러워지고, 다음에는 더 열심히 일하리라고 다짐한다. 그런데 그 약속이 정말 지켜질까? 어쩌면 당신은 다음에는 절대 일을 미루지 않고 제때 처리하겠다 결심할 수도 있다. 하지만 당신의 상사 혹은 사장조차 미루어진 일에 대해 별다른 신경을 쓰지 않고, 당신의 변명을 수긍하며 "괜찮아요. 며칠 더 줄 테니 천천히 하도록 해요"라고 말한다면 당신은 어떤 생각이 들까? 우선 사장에게 면죄부라도 받은 것처럼 안도감이 들고, 사장도 저렇게 말하는 걸 보면 그리 급한 일도 아닌 것 같으니 당장 서두를 필요가 없다고 생각할 수 있다. 이런 식의 상사 관용도 당신의 미루기 행동을 부추기는 요인이 될 수 있다. 자신에게 관대해지는 것 외에도 타인의 관용 역시 우리의 미루기 행동과 습관을 악화시키는 촉진제 역할을 한다.

또한 관용은 자기기만과 격려를 초래한다. 당신은 계속 일을 미루며 이런 식으로 자신을 설득한다.

'이번에는 일을 제때 끝내지 못하지만, 다음번에는 기필코 마감 전에 마무리 지을 거야.'

이 '다음번'은 자신을 기만하는 말에 불과하다. 당신이 미루기의 늪에 빠져 있는 상황에서 그 늪을 스스로 벗어나는 일이 과연 그렇게 쉬울까? 우리는 계속 자신에게 관용을 베풀고 '다음번'에 희망을 거는 일을 반복한다.

그럼 어떻게 바꿔야 할까? 이것이 바로 우리가 관심을 두어야 할 대목이다. 자신의 의식을 바꾸는 것으로부터 시작해야 한다. 어쩌면 당신은 일개 직원으로서 상사가 관용을 베풀고 용인해주는 상황에 적응하며 자신의 미루기 습관을 크게 신경 쓰지 않을지도 모른다. 하지만 직장에서의 업무는 우리 삶의 일부에 지나지 않는다. 업무를 미루는 행동을 자신의 삶 속으로 끌고 들어간다면 우리는 항상 다른 사람보다 한 박자 늦게 되고, 우리의 열정과 꿈은 늘 뒷전으로 밀려나게 된다. 이런 삶을 원하는 사람이 과연 있을까? 이런 관점에서 볼 때 우리는 자신을 기만하는 관용과 용인을 경계하고 미루기 습관을 뿌리 뽑아야 한다.

미 루 기
심 리
전격 해부

CHAPTER 2

미루기 심리의 숨은 폐해 :
건드리는 순간 인생이 꼬이는 지뢰

미루는 습관에 따른 불안장애, 어떻게 진정시킬까?

우선 한 가지 사례를 소개한다. 이는 대학생 P의 이야기지만 많은 학생이 이와 같은 경험을 했으리라 생각한다.

<u>사례</u>　P는 대학 2학년생으로, 심각한 미루기병에 걸려 있다. 그는 대학생이 된 후부터 시험 기간만 되면 늘 똑같은 행동의 패턴을 보였다.

시험 두 달 전: 아직 60일이나 남았네. 아직 시간이 많이 남았으니까 일단 시험 생각은 하지 말고 긴장 좀 풀자.

시험 40일 전: 시간이 그리 넉넉한 건 아니지만 다른 일도 처리해야 하니까 조금만 더 이따 준비해도 될 거 같아.

시험 20일 전: 어떡해! 시험까지 얼마 안 남았는데 어디서부터 시작해야 할지도 모르겠어.

시험 10일 전: 끝났어! 이번 시험은 완전히 망했어. 지금 시작한다고 뭐 다르겠어?

시험 3일 전: 완전히 망했어! 글자가 눈에 전혀 안 들어와. 30분을 앉아서 봤는데 무슨 말인지 하나도 모르겠어.

이것이 바로 시험을 앞두고 시간이 지날수록 달라지는 P의 반복되는 심리적 변화다. 그는 처음에는 여유롭고, 시험 날짜가 다가올수록 긴장, 초조, 걱정에 휩싸이다가 끝내 심리적으로 무너지는 패턴을 보여주었다. 사실 이것은 미루기 행동을 하는 사람들의 심리적 변화와 크게 다르지 않다. 미루기는 걱정과 불안한 심리를 동반하고, 그런 심리는 지속적인 미루기 행동을 부추기며 악순환의 늪에 빠지게 만든다.

계획적으로 행동하는 사람들은 모두 배움과 일을 추구하는 과정에서 점진적으로 목표를 향해 다가가고 결과물을 만들어낸다. 그러므로 불안하고 초조한 심리적 압박감에 못 이겨 일을 계속 미루는 경우는 그들에게서 보기 어렵다.

사례 옛 직장 동료 S는 자신을 천재라고 농담처럼 말할 만큼 똑똑하고 능력이 뛰어났다. 하지만 내 눈에 비친 그는 심각한 미루기병 환자였다. 내가 이 문제에 대해 말할 때 그는 자신을 "나는 고효율의 미루기 환자야"라고 천연덕스레 말했다. 어떤 일을 맡기든 그는 바로 시작하는 법이 없고, 미룰 수 있을 때까지 버티다 그 일에 손을 댔다. 그리고 늘 자신의 뛰어난 '능력'을 무기 삼아 마지막 순간에 전세를 역전시켜 아슬아슬하게 업무를 끝내곤 했다. 그는 자신의 이런 능력에 자만했고 심지어 다른 사람의 비효율적인 업무 처리 방식을 비웃기까지 했다.

한번은 사장이 그에게 사흘 안에 기획안을 작성하라고 지시했다. 그는 지시받은 후 전혀 급할 필요가 없다는 듯 평소와 다름없이 동료들과 커피를 마시며 수다 떨고, 다른 볼일을 보며 시간을 보냈다. 도리어 동료들이 더 조바심을 낼 정도였다.

"사장이 사흘 안에 기획서를 올리라고 했다며? 지금 시작해도 야근까지 해야 끝낼 수 있을걸? 이렇게 여유 부릴 시간이 어딨어?"

하지만 그는 동료들의 말에 전혀 개의치 않았다.

"걱정도 팔자네. 아직 시간은 충분해. 고작 기획서 하나 작성하는 일인데 사흘 내내 매달리는 건 비효율적이야. 내가 얼마나 효율적으로 일하는지 그동안 봐와서 잘 알잖아?"

그 후 이틀이 지나고 사흘째가 되어서야 그는 아침 일찍 출근하여 기획서 쓸 준비를 했다. 그는 차도 한 잔 마시며 여유를 부린 후 책상 앞에 앉아 심호흡 한번 하고는 컴퓨터를 켰다. 이제 인터넷을 열어 자료를 수집한 후 기획서를 작성하면 될 일이었다.

그런데 무슨 일인지 인터넷 접속이 계속 안 되었다. 인터넷선은 잘 연결되어 있었으므로, 십중팔구 회사 네트워크상의 연결 문제일 것이었다. 그러나 아직 출근 시간 전인지라 기술지원팀 직원들은 모두 자리에 없었다. 그는 네트워크 문제가 해결되면 바로 자료 수집을 시작하기로 하고, 일단 기획서에 쓸 아이디어를 머릿속으로 정리했다. 지난 이틀 동안 기획서 작성에는 손도 대지 않은 탓에 그의 머릿속은 무에서 유를 창조해야 하는 상황에 직면하고 말았다. 출근 시간이 지나고 두 시간 남짓 네트워크가 복구되는 동안 그의 일에는 아무런 진전도 없었다.

기획서를 제출해야 할 시간이 다가올수록 그의 압박감은 점점 커졌다. 그는 불안감에 휩싸여 평정심을 잃었고, 시간에 쫓기느라 자료 찾는 일조차 수월하게 진행되지 않았다. 발등에 불이 떨어진 상황에서 정신없이 마우스를 클릭하고 닥치는 대로 자료를 뒤적였는데, 도무지 앞뒤 분간이 안 되었다.

마감 시간 두 시간을 남겨놓고, 그는 결국 더 이상의 노력을 포기한 채 지금까지 여기저기서 긁어모은 자료를 짜깁기했다. 그렇게 작성한 기획서를 서둘러 마무리한 후 사장에게 제출했다. 그는 그제야 한고비를 넘겼다는 생각에 안도의 한숨을 내쉬었다.

고작 두 시간 만에 다른 프로젝트를 참고하여 대충 끼워 맞춘 '패스트푸드'는 언뜻 그럴싸해 보였다. 하지만 자세히 들여다보면 모호한 것투성이였다.

당연히 사장은 그의 기획안을 쓰레기통에 내던졌고, 다른 직원들 앞에서 그의 업무 능력에 대한 실망감을 노골적으로 드러냈다. 그런 일을 겪고 난 후 그는 자책과 불안감에 휩싸이게 되었다.

심리적 압박을 받으면 도리어 일을 더 잘할 수 있다는 관점도 존재한다. 하지만 사실 이런 생각은 지나치게 일방적이다. 연구 결과에 따르면 심리적 압박이 커지면 대뇌의 신경 통제시스템에서 스트레스 호르몬인 아드레날린과 코르티솔을 자동으로 방출한다. 그러다 스트레스가 서서히 풀리고 나면 몸 상태는 균형을 찾아간다. 스트레스가 지나치게 크거나 오랜 시간 지속되면 스트레스 호르몬이 빠르게 사라지고, 신체를 보호하는 역할을 못 하기에 혈당을 상승시키거나 수면에 영향을 주고, 회복 능력을 떨어뜨려 면역체계를 무너뜨린다.

중압감에 휩싸이면 행동력이 강화될 수 있을지 모르지만, 이것은 일종의 자기 파괴적 방식이다. 비록 어떤 일을 정해진 시일 안에 마무리 짓더라도 쫓기듯 서두르며 처리한 일은 결국 좋은 성과를 내기 어렵다. 게다가 이런 식으로 절체절명의 순간을 겪을 때마다 사람의 정서는 극심한 스트레스에 노출되고, 실패에 대한 두려움마저 생겨 모든 업무에 대한 거부반응과 더불어 행동력과 추진력의 저하를 초래할 수 있다.

미루기 습관을 지닌 사람의 불안한 심리는 전적으로 개인의 행동에서 비롯된다. 이런 유형의 불안감은 자신의 행동을 교정하는 것으로 충분히 해소할 수 있다. 즉, 해야 할 일을 곧바로 실행하여 효율을 높이기만 하면 된다.

99%와 100%는 하늘과 땅 차이

사회 구성원이라면 누구나 자신만의 위치가 있고, 각자 짊어져야할 업이 있다. 이를테면 의사는 환자를 살리고, 군인은 조국을 수호하고, 노동자는 우수한 제품을 생산하고, 교사는 인재를 육성해야 한다.

우리 모두에게는 공통으로 적용되는 기본 원칙이 하나 있다. 바로 자신의 자리에서 맡은 바 임무를 다하는 것이다. 다시 말해서 형식적으로 대충대충 일하는 것이 아니라 성실한 태도로 최선을 다해야 한다.

자기 일에 모든 역량을 쏟아부어 처리하는 것이 성공의 요소라면, 그 일을 제대로 완수해 성과를 내는 것은 효율적인 추진력을 위해 필요한 요소이다.

'자신의 본분에 따라 최선으로 역량을 모두 쏟아내 할 일을 해냈다면 언젠가 자신이 하고자 하는 일을 마음대로 할 수 있을 것이다.'

이는 사회학자 장 지글러(Jean Ziegler)의 말이다. 단언컨대 매사에 최선을 다하지 않고 맡은 일을 제대로 마무리 짓지 못하면 영원히 성공의 길로 들어설 수 없다.

실제로 일을 추진하는 과정에서 드러나는 약간의 차이가 엄청난 결과의 차이로 이어지는 경우가 많다. 일의 목표를 달성하지 못한 정도가 1% 부족한 99%에서 멈춰버린다면 이 사소한 차이 때문에 성공의 결실을 못 볼 수도 있다.

사례　타이완에서 '경영의 신'으로 불리는 포모사그룹 창립자 왕융칭(王永慶) 회장은 젊은 시절부터 산전수전을 다 겪으며 자수성가한 입지전적 인물이다. 그는 열여섯 살 때 아버지에게 빌린 200위안으로 조그마한 쌀가게를 열어 누구보다 열심히 일했다.

그 당시만 해도 쌀 가공 기술이 발달하지 않아 쌀 안에 쌀겨, 모래, 작은 돌이 섞이기 일쑤였다. 하지만 구매자와 판매자 모두 그런 사실에 너무 익숙해진 탓에 누구 하나 크게 문제 삼지 않았다. 하지만 그는 익숙하다고 해서 당연시하는 생각의 틀을 깨고 양질의 쌀을 내놓고자 노력했다. 쌀을 팔기 전에 쌀 속 이물질을 모두 제거했던 것이다.

그는 거래된 쌀을 배달하는 일에만 그치지 않고 고객의 집에 있는 쌀독에 쌀을 붓는 것까지 도와주었다. 쌀독에 쌀이 남아 있을라치면 묵은쌀을 꺼내서 쌀독을 깨끗이 닦아낸 뒤 햅쌀을 부었고, 그 위에 묵은쌀을 얹어놓았다. 그렇게 해야 쌀을 오래 보관해도 변질되지 않기 때문이었다.

왕융칭의 이런 세심한 고객 서비스는 소비자의 마음을 사로잡았고 자발적으로 충성고객이 되게 하는 계기가 되었다. 그렇게 해서 그의 사업은 나날이 번창했고, 그는 마침내 타이완의 경제를 이끄는 선두 주자이자 경영의 신으로 거듭났다.

구멍가게에서 시작된 쌀장사였지만 왕융칭은 남들과 차별화된 서비스와 성실한 태도로 사업을 확장해 나아가며 지금의 패업을 달성했다. 물론 왕융칭처럼 구멍가게에서부터 장사를 시작한 사람들은 세상에 넘쳐난다. 하지만 그처럼 성공한 인물은 손가락으로 꼽을 정도다. 그와 비슷한 꿈을 가진 사람들이 성공하지 못한 이유는 누구나 할 수 있지만 하지 못하고 놓친 1% 때문이다.

누구나 살다 보면 많은 문제와 맞닥뜨리게 된다. 처음에는 아주 사소하고 별거 아닌 일에 불과해 무심코 지나칠 수 있지만, 이런 문제들을 무시한 채 제대로 처리하지 않으면 결국 그것이 비교적 큰 파장을 불러일으킬 수 있다.

예를 들어 물의 끓는점은 99℃를 지나 1℃가 합쳐진 100℃다. 1℃가 모자란 99℃의 물은 완벽하게 끓인 물의 가치를 가지고 있지 않다. 99℃에서 온도를 1℃ 더 높여야 물이 팔팔 끓기 시작한다. 그럴 때 물에서 대량의 증기가 발생하고, 또 그럴 때 기계를 가동해 막대한 경제적 효익을 얻을 수 있다.

100가지 일을 맡아서 그중 99개를 해내고 딱 한 가지만 못했다면, 그 한 가지가 일에 부정적 영향을 미칠 확률은 거의 100%라고 볼 수 있다.

어떤 사람이 어린 나비가 누에고치에서 허물을 벗고 힘겹게 나오려고 몸부림치는 모습을 보게 되었다. 그는 그 모습이 너무 애처롭고 힘들어 보여 좀 더 수월하게 나올 수 있도록 가위로 고치를 조심스럽게 잘라주었다. 하지만 어린 나비는 고치에서 나온 지 얼마 되지 않아 죽고 말았다. 어린 나비가 혼자 힘으로 누에고치에서 허물을 벗고 세상 밖으로 나오는 것은 나비의 성장을 위해 없어서는 안 되는 과정이다. 이 과정을 통해 나비의 몸이 튼튼해지고, 날개에도 힘이 생기기 때문이다. 설령 아주 작은 외부의 힘이 가해졌다 해도 어린 나비의 발육과 성장은 정상적 기준에 도달할 수 없게 되어 생존과 비행 능력을 잃을 수 있다.

유감스럽지만 현실에서도 이와 같은 일들이 종종 일어난다. 이는 대부분 당사자의 비양심적인 태도에서 비롯되는 경우가 많다.

그들은 무슨 일을 하든 대충대충 처리하는 습관이 몸에 배어 있고, 잘못을 시인하고 고치기보다 적당히 얼버무리며 맡은 일을 기한 내에 처리하지 않은 채 계속 미룬다.

이런 태도로 일하는 사람에게 과연 중책을 맡길 수 있을까?

맡은 일을 제때 처리하고 마치는 것은 가장 기본적인 일 처리 원칙이자 사람됨의 기본 도리이다. 이런 조건이 갖추어져야 일의 효율과 전문성은 물론 성공 가능성을 높일 수 있다. 그렇다면 일을 제때 처리하고 마무리 지을 방법에는 무엇이 있을까?

첫째, 노력하지 않고 요행을 바라는 심리를 버려야 한다.

성공하려면 상응하는 대가를 치러야 한다. 하지만 문제는 그런 대가를 치르지 않고 요행을 바라는 사람이 많다는 데 있다. 그들은 정상에 오르는 영광을 누리고 싶지만, 그곳까지 이어지는 가시밭길만은 피하고 싶어 한다. 또한 그들은 승리를 갈망하지만, 희생을 원하지 않는다. 이것이 바로 보편적인 기회주의적 사고방식이고, 이런 심리를 극복하는 것이 바로 성공의 비결 중 하나라고 할 수 있다. 일의 경중을 떠나서 늘 기회를 엿보며 요행을 바라면 표면적으로는 시간과 노력을 절약하는 것처럼 보일 수 있다. 하지만 결국 더 많은 돈과 시간, 노력을 낭비하는 결과를 초래하고 만다. 심지어 한 번 자리 잡은 그런 심리는 의지력을 서서히 갉아먹으며 목표의 실현에 걸림돌로 작용한다. 장기적으로 볼 때 기회를 엿보고 요행을 바라는 심리는 백해무익하다. 그저 능력의 저하와 심리적 불안과 폐해를 일으킬 뿐이다. 주어진 일을 미루지 않고 성실하게 수행하는 것이야말로 자신의 가치를 높이고, 정신적으로 건강한 삶을 유지하는 최상의 방법이다.

둘째, 꼼꼼하게 일을 처리해야 한다.

어떤 사람들은 열정과 이상으로 가득 차서 평범한 삶과 사소한 일에 직면하면 그것을 자신과 걸맞지 않고, 몰입할 가치가 없다고 무시해버린다. 실생활에서 우리는 착실한 실력 평가와 끊임없는 방향 조정을 통해 자신의 목표에 한 걸음씩 다가가야 한다. 모든 일은 경중을 떠나 최선을 다해 처리해야 하고, 작고 사소한 일일수록 그 원칙을 더 철저히 지켜야 한다. 자기 분야에서 성공을 거둔 사람들의 면면을 살펴봐도 그들 역시 단순하고 자질구레한 일들부터 시작해 차근차근 경험치를 쌓아 올리며 성장했다는 것을 알 수 있다. 그들은 그런 과정을 성장 지렛대로 삼아 마음을 다잡고, 고난 극복을 위한 노력을 아끼지 않았다. 흔히 피할 수 없다면 즐기고, 꼭 해야 할 일이라면 적극적으로 임해야 한다고 말한다. 주어진 일을 철두철미하게 처리하는 습관은 우리를 성장시키고, 좋은 방향으로 이끌며, 끊임없이 발전하도록 원동력을 제공한다.

셋째, 완벽을 추구하는 일 처리 습관을 지녀야 한다.

일 년은 365일, 하루는 24시간, 한 시간은 60분⋯⋯. 누구에게나 똑같이 주어지는 시간이지만 어떤 사람은 뚜렷한 목표 없이 적당히 때우듯 살아가고, 또 어떤 사람은 일의 완벽을 추구하며 자신의 능력을 모두 쏟아부으려고 한다. 시간이 흐른 후 두 부류의 성취감을 비교해 보면 그 결과는 하늘과 땅 차이다. 아무리 출중한 재능이 있다 해도 완벽을 추구하는 좋은 습관을 기르지 못하면 결국 그 재능을 발판 삼아 성공의 열매를 맺을 수 없다. 자신에게 주어진 일을 대충 처리하면 일의 효율이 떨어질 뿐 아니라 그 일을 처리하는 능력마저 퇴보한다. 성공한 사람들은 무엇을 하든 그 일이 요구하는 최고 수준을 기준으로 삼아 100%의 결과물을 낸다.

사례 1987년 외국계 투자 회사의 엔지니어가 한 부동산 업체와 협업을 진행하기 위해 주변 조망 사진을 촬영하고자 했다. 그런 사진은 건물 옥상에 올라가 찍는 게 일반적이었지만, 그는 한사코 2킬로미터나 떨어진 산 정상까지 올라가 주변 경관을 꼼꼼하게 촬영했다.

그때 누군가가 그에게 왜 그렇게까지 하는지 이유를 묻자 이렇게 대답했다.

"돌아가면 이사회에서 프로젝트에 관한 구체적인 질문이 나올 겁니다. 그분들의 이해를 돕기 위해 현장을 완벽하게 보여드리고, 궁금증을 해소할 수 있도록 돕는 것이 제가 할 일이거든요. 제 불찰로 일을 망치면 안 되니까요."

한 사람의 성공 여부는 어떤 일을 하든 최선을 다해 완벽한 결과물을 내기 위해 노력하는 것, 그 자세에 달려 있다. 그래서 자신이 가진 재능을 총동원해서 남들보다 더 빠르고, 더 정확하고, 더 철저하게 해내야 비로소 성공에 관문을 넘어설 수 있다.

꾸물거림은 미루기의 씨앗

태어날 때부터 미루기병을 타고난 사람은 없다. 이런 증상은 단번에 만들어지는 것이 아니며, 상당한 기간에 반복 학습 과정을 거친다.

대다수 사람은 늦잠 자기를 좋아한다. 평일에 바쁜 일상을 보낸 사람들은 주말만이라도 이불 밖으로 나오지 않고 실컷 잘 수 있는 것에 더할 나위 없이 행복을 느낀다. 이런 행복감은 누구나 누린 적이 있고, 우리는 그러한 즐거움에 서서히 물들어간다. 그렇다면 이것이 바로 미루기 증상일까? 이것은 잘못된 행동일까?

하루도 쉬지 않고 계속해서 일에 집중하기란 불가능하다. 일에 지쳐 잠시 커피 한잔하며 동료와 얘기를 나누는 것조차 일을 미루는 행위라고 비난해야 할까?

그렇지 않다. 간혹 늦잠을 자고, 일에 지쳐 잠시 휴식을 취하는 것은 인지상정이다. 사람이라면 누구나 이런 경험이 있기 때문이다. 군이 차이를 두자면 이것은 미루기라기보다 단지 꾸물거림에 속하는 행위다.

꾸물거리는 습관은 많든 적든 누구에게나 있다. 일상생활에서 성격이 좀 느긋하다고 해서 큰 흠이 되지는 않는다. 그러나 꾸물거림은 미루기를 싹틔울 수 있는 씨앗이 될 수 있다. 어쩌면 우리의 습성 속에 어느새 그 씨앗이 자라 개미구멍 하나가 천 리에 달하는 둑을 무너뜨리는 순간을 맞게 될지도 모른다.

꾸물거림은 우리 마음속의 불씨라고 할 수 있다. 얼핏 보면 별거 아닌 것처럼 느껴져 아무도 그 위험성을 눈치채지 못하지만, 일단 그 '불씨'가 커지는 순간 화마가 덮치기 때문이다.

물론 미약한 불씨는 커지기 전에 자연히 소멸하기도 한다. 하지만 혹시 모를 재앙을 미리 방지하기 위해서라도 다 끄지 못한 단 1%의 작은 불씨를 소홀히 대해서는 안 된다.

꾸물거리는 행동이 작은 흠이라면, 미루기는 심각한 문제라고 할 수 있다.

어느 학생 잡지에서 본 글을 소개해본다.

사례   올해 열일곱 살인 R은 얼굴도 예쁘고 성격도 좋은 데다 공부도 잘하고 다방면으로 다재다능했다. 그녀는 H시에서 이미 유명인사였고, 선생님과 친구들도 모두 그녀를 좋아했다. 그렇지만 그녀에게도 딱 한 가지 흠이 있었다. 바로 꾸물거리는 습관이었다. 그녀는 무슨 일을 하든 언제나 꾸물거리며 여유를 부렸다. 도리어 옆에서 지켜보는 사람들이 더 걱정하며 조급해할 정도였다.

과제를 제출할 때마다 늘 마지막에 내는 사람이 바로 그녀였다. 반에서 가장 놀기 좋아하는 친구마저 그녀보다 더 일찍 과제를 제출할 정도였다. 시험을 칠 때 답지를 가장 늦게 내는 사람도 그녀였다. 문제를 못 풀었거나 시간이 모자라서도 아니었다.

대입시험을 볼 때도 상황은 크게 다르지 않았다. 그녀는 평소와 다름없이 문제를 천천히 풀어 나아갔다. 하지만 문제의 난도가 높고 시간이 촉박하다 보니 그 시간 안에 문제를 다 풀지 못했고, 결국 원하는 대학에 가지 못한 채 재수를 선택해야 했다.

뼈저린 실패의 아픔을 겪고 나서야 그녀는 선생님에게 울며 속내를 털어놓았다.

"꾸물거리며 여유를 부리는 행동이 잘못된 건 알고 있었지만 그게 이제 습관이 되어서 쉽게 고쳐지지 않아요."

예전에 그녀는 답안지를 작성하기 전에 무의식적으로 연필을 1분 동안 돌리며 마음을 가라앉혔다. 그런데 시간이 지날수록 연필을 돌리는 시간이 1분에서 1분 30초, 2분, 3분, 5분 심지어 10분, 20분까지 늘어났다.

그녀의 이런 행동은 단순히 습관을 넘어서 미루기병이 되어버렸다. 이런 병일수록 초기에 치료해야 하고, 그렇지 못하면 그 습관이 중독 증상처럼 그녀의 삶에 부정적 영향을 미치게 된다. 그녀가 그 병에 걸린 원인은 꾸물거리는 행동의 시작이던 바로 그 1분이었다.

꾸물거림은 미루기의 시초 증상이다. 꾸물거림이 R에게 실패의 아픔을 안겨주었던 것처럼 그 습관은 실패의 가장 큰 원흉이다. 요컨대 우리는 매 순간 꾸물거리는 행동을 경계하고 눌러야 한다. 성공하는 인생으로 나아가기 위해서 말이다.

사례　예전에 기고했던 한 잡지사의 편집장을 만난 자리에서 그곳의 직원 역시 꾸물거리며 일을 늦게 처리하는 문제 때문에 결국 직장에서 잘렸다는 얘기를 들은 적이 있다.

그의 동료 C는 그야말로 꾸물거리는 데 일가견이 있는 인물이었다. 그녀는 일에 대한 근성과 재능을 가지고 있었다. 하지만 그녀는 일거리를 쌓아놓고 제때 처리하지 못하는 병이 있었다. 그녀의 책상에는 처리해야 할 서류, 마감해야 할 원고가 잔뜩 놓여 있었지만, 그녀는 손톱을 물어뜯으며 컴퓨터 모니터만 응시한 채 아무 일도 하지 않았다.

편집장이 그녀에게 중요한 기삿거리의 취재를 맡겼을 때도 상황은 크게 다르지 않았다. 처음에는 잔뜩 신경을 곤두세우며 그 일을 잘해내겠노라 다짐했다. 그러나 늘 마음만 먹을 뿐 행동이 따르지 않았다. 완벽을 추구하는 그녀의 성격도 한몫했다. 그녀는 어떻게든 좋은 결과물을 내야 한다는 생각에 마감일까지 최대한 일을 미루며 완벽한 원고를 쓸 때를 기다렸다. 하지만 그렇게 오늘이 내일이 되고, 내일이 모레가 되었다. 결국 편집장이 여러 번 재촉하고 나서야 발등에 불이 떨어진 사람처럼 일을 시작했다. 하지만 그마저도 다른 볼일을 보며 제때 마감 시간을 지키지 못했다. 그녀는 늘 이런 식으로 마감 시한이 지난 후에야 원고를 넘겼고, 결국 무능한 직원이라는 오명을 안은 채 회사를 떠나야 했다.

미루기를 유발하는 의존증

미루기에 일가견이 있는 사람에게 이런 질문을 한번 해보고 싶다.

학창 시절 부모님이 늘 대신 등교 준비를 해주었는가? 방과 후에 혼자 집에 가지 못하고 늘 부모님에 데리러 오셨는가? 직업을 선택할 때 자신보다 남의 의견을 따르는 편인가? 직장에서 업무 지시가 내려오면 혼자 처리하기보다 누군가에게 도움을 받는가?

미루기에 익숙한 사람들 대부분이 남에게 의존하는 나쁜 습관을 지니고 있다. 그들은 일이 부여되면 혼자 처리하는 데 두려움을 느낀 나머지 차라리 미루는 쪽을 선택한다. 누구든 일의 성과를 내면서 성공하고 싶다면 독립적이고 진취적인 결단력과 행동력이 뒷받침되어야 한다. 의존적인 태도로 일관하는 사람은 타인의 부속물로 살아갈 수밖에 없다.

사례   S는 외모나 성격 면에서 어디 하나 나무랄 데가 없었다. 하지만 그런 그녀에게도 딱 하나 단점이 있었는데, 바로 지나치게 순종적이고 주관이 없다는 점이었다. 예컨대 친구들과 만났을 때 무엇을 먹을지, 무슨 영화를 볼지를 결정하는 데서도 주도적이기보다 항상 수동적인 모습을 보였다.

최근에 그녀는 힘든 일을 겪었다. 그녀는 남편의 행동이 이상하다는 점을 눈치챘고, 그가 바람을 피운다는 것을 직감했다. 그녀는 어떻게 해야 할지 모른 채 친구에게 고민 상담을 했다.

"어떡하지?"

그녀는 절박한 표정으로 도움을 청했다.

"뭘 어떡해? 네 남편에게 직접 물어봐야지."

성미가 급했던 친구는 직접적인 해결책을 내놓았다.

"어떻게 그래. 지금까지 그 사람이 벌어 온 돈으로 먹고살았는데."

"그걸 지금 말이라고 하는 거니? 넌 그게 가장 문제야!"

친구는 너무 화가 난 나머지 진심을 토해냈다.

"뭐가 문제라는 거야?"

"지나치게 남에게 의존하는 거! 그래, 오늘 말 나온 김에 솔직히 말할게. 다들 친구라는 이유로 너한테 직접 말은 안 하지만, 그게 널 위한 게 아닌 거 같아서 하는 말이야. 넌 다른 사람들을 참 피곤하게 만들어. 너무 의존적이지. 무슨 일이든 물어보고, 남이 대신해서 결정을 내려주길 바라. 아주 사소한 것까지 전화를 걸어 물어보고, 상대방의 입장 따위는 아랑곳하지 않아. 너와 남편 사이도 이랬겠지. 넌 모든 걸 남편에게 의존했을 테고, 너희 집에서 일어나는 모든 일은 남편이 결정했을 거야. 그런 식의 관계가 지속되면 누구라도 지치게 되어 있어. 지금 내 말이 너에게 상처가 될 수 있겠지. 하지만 이 말은 꼭 해주고 싶었어. 난 네 친구고, 내가 아니면 아무도 그런 말을 안 해줄 테니까.”

그녀는 친구의 말을 듣고 머리를 한 대 얻어맞은 듯한 충격을 받았다.

“그래. 네가 날 위해 하는 말이라는 거 다 알아. 사실 나한테 문제가 있다고는 생각해보지 못했어. 이번 기회에 나를 좀 돌아보고 그런 점을 고쳐보도록 해야 할 거 같아.”

이 사례를 통해 알 수 있듯이 타인에게 의존적인 사람은 일과 대인 관계를 막론하고 습관적으로 다른 사람의 의견에 매달리면서 그들이 하는 대로 따라가려는 경향이 강하다. 또한 그들의 습성은 상대방에게 압박감을 줄 수 있다.

삶을 위협하는 가장 큰 위험은 다른 사람이 아니라 바로 자신으로부터 시작된다는 말도 있다. 의존증이 가져오는 미루기 습관은 한 사람의 진취적 욕구와 용기를 갉아먹고, 스스로 노력해서 성공의 열매를 맺는 즐거움을 앗아간다. 지나친 의존증은 정적 태도와 행동으로 나타나고, 이것은 하루하루 정체된 삶으로 이어져 변화와 발전을 기대하기 힘들어진다.

사례 또 다른 사례는 Y가 겪은 일이다. 열아홉 살이던 해, 그는 친구와 일요일 아침에 낚시를 가자고 약속했다. 그는 낚시 경험이 없었기 때문에 잔뜩 기대에 부풀어 있었다. 그래서 그는 전날 밤에 테니스화, 낚싯대 등의 장비를 미리 챙겨놨다. 설레는 마음이 얼마나 컸던

지 새로 산 테니스화를 신고 잠자리에 들 정도였다.

다음 날 이른 아침에 눈을 뜬 그는 모든 준비를 마치고 시도 때도 없이 창밖을 내다보며 친구 차가 오기만을 기다렸다. 그런데 실망스럽게도 그의 친구는 그 약속을 완전히 잊고 있었다.

이때 그는 화를 내며 친구를 욕하기보다 전혀 다른 관점으로 그 순간을 받아들였다. 그는 그때가 그의 일생에서 스스로 결정하고 행동할 수 있는 첫 순간이 될 수 있다고 판단했다.

그래서 그는 그동안 모은 돈을 모두 들고 근처 쇼핑몰로 달려가 오래전부터 갖고 싶었던 고무 구명정을 하나 샀다. 정오가 되자 그는 그 구명정에 바람을 불어 넣고, 그 안에 낚시 도구를 담은 후 흡사 원시 사냥꾼처럼 그것을 머리에 이고 밖으로 나갔다.

그는 곧장 강가로 가서 호화 유조선을 띄우는 상상을 하며 노를 저어 물로 들어갔다. 그날 그는 물고기도 잡고, 준비해 간 샌드위치와 주스도 마시며 즐거운 시간을 보냈다.

훗날 그는 그날이 인생의 클라이맥스이자 가장 멋진 날이었다고 말했다. 그날 친구와의 약속이 깨졌던 일은 그에게 모든 것을 스스로 결정하고 해내야 한다는 중요한 깨달음을 안겨주었다.

Y의 이야기처럼 경험해보지 않은 일에 대한 과감한 도전은 첫 시작이 어려울 뿐인데, 일단 첫발을 내딛는 순간 새로운 세상을 얻을 수 있다.

사실 성공한 인생을 써 내려가는 과정은 개인의 성격적 결함을 극복하려는 노력이 수반된다. 의존성이 높은 사람들은 자신의 의존 대상을 잃는 순간 그 상황에 압도되어 방향을 잃는다. 그러므로 의존적 심리를 제때 고치지 못하면 의존적 인격장애로 발전할 가능성이 커진다. 그 교정 방법은 다음과 같다.

1. 의존심리의 위험성에 대해 정확히 인식하기

이를 위해서는 평소 습관을 바로잡고, 자신의 의지와 판단으로 직접 일하는 능력을 키우며, 자율성과 창의성을 강화해야 한다. 또한 독립적으로 문제를 사고하는 법을 배우고, 독립적인 인격과 사고력을 이어가야 한다.

2. 습관성 의존증 탈피하기

의존적 성향을 지닌 사람들의 의존적 행동은 이미 습관으로 굳어져 있을 가능성이 크기 때문에 이런 나쁜 습관을 끊어내야 한다. 일상적인 행동 속에서 어떤 부분을 타인에게 의지하고, 또 어떤 부분을 스스로 결정하는지 파악해야 한다. 이 관찰 과정을 일주일 동안 유지한 후 그 항목의 자의식을 강함, 보통, 약함으로 나눈다.

3. 자기 통제력 강화하기

자의식이 약한 항목은 자제력을 높여 개선할 수 있다. 자의식이 보통 단계인 항목은 개선 방법을 모색해 차후 행동 속에서 점진적으로 바꿔나가야 한다. 자의식이 강한 항목은 경험을 토대로 생활 속에서 단계적으로 바꿔나가는 편이 좋다.

4. 독립적인 문제해결력 키우기

의존성은 게으르고 나태한 성향으로부터 파생되며, 그것을 극복하려면 다양한 장소에서 자기 일을 직접 처리하는 적극성을 자신 안에서 끌어내야 한다. 일상에서 남이 하는 대로 따라가지 말고, 일할 때도 문제를 스스로 해결하는 법을 배우고, 인간관계에서는 다른 사람의 결정에 편승하기보다 스스로 관계를 주도해야 한다.

미루기 습관과 무능의 낙인

미루기 행위는 언뜻 별일 아닌 것처럼 보이기도 해서 주변 사람들마저 크게 신경 쓰지 않는 경우가 많다. 하지만 그런 행동이 계속되면 개미구멍 하나에 제방이 무너지듯 손쓸 수 없는 지경까지 가기도 한다. 그래서 미루기처럼 중독성이 강한 습관은 대수롭지 않게 넘길 것이 아니라 그 문제를 인지한 순간부터 고치기 위한 노력을 쏟아부어야 한다.

미루기 습관은 함정과 같아서 한 번 그 안에 빠지면 스스로 빠져나오기가 쉽지 않다. 그러나 그 함정에서 벗어나기 위한 고통은 평생 미루기 습관 때문에 초래될 손실에 비할 바가 아니다. 《내 시간 우선 생활 습관》의 저자 닐 피오레(Neil Fiore)는 이렇게 기술했다.

'진정한 고통은 미루기로 말미암아 초래되는 지속적인 불안, 기대 이하의 프로젝트 결과물에 대한 죄책감, 인생에서 많은 기회를 놓친

것에 대한 깊은 후회에서 비롯된다.'

살면서 이런 후회보다 더한 고통이 있을까?

사례 S는 대학을 졸업한 지 얼마 되지 않아 취직에 성공한 직장인이다. 그녀는 어릴 때부터 성인이 된 지금까지 집에서 밥을 해본적이 없을 만큼 요리와 담을 쌓고 살아왔다. 그래서 식사는 주로 밖에서 사 먹고, 간혹 간편하게 해 먹을 수 있는 음식 재료를 사다가 냉장고에 넣어두었다. 그러던 어느 날 토요일에 냉장고를 열어보니 사다놓은 음식 재료가 모두 유통기한이 지나 있었다. 그녀는 그 음식들을 버려야겠다고 생각하며 일단 냉장고 문을 닫았다. 하지만 다른 일을하다 보니 어느새 냉장고 청소를 하기로 했던 생각을 까맣게 잊고 말았다. 다음 날 그녀는 냉장고 속 썩어가는 음식물을 다시 떠올리며 저녁 식사를 하고 치워야겠다고 생각했다. 그렇게 시간이 흘러 저녁을 먹고 산책을 한 후 돌아와 잠자리에 들 시간이 될 때까지도 그녀는 냉장고 속 음식물을 버리지 않았다. 이런 식으로 미뤄진 일은 한 주가 지나 다시 주말이 찾아올 때까지도 해결이 되지 않고 있었다.

일주일 후 다시 냉장고를 열었을 때는 음식 재료에 곰팡이가 잔뜩 피었고, 흐물흐물 변해 바닥에 눌어붙고 썩은 냄새가 진동했다. 결국 그녀는 냉장고 청소를 하고 썩은 음식물을 버리느라 한바탕 고역을 치러야 했다.

음식물 쓰레기를 버리는 것처럼 아주 단순한 일인데도 매번 생각만 하고 뒤로 미루다 보면 결국 S처럼 더 골치 아픈 상황과 맞닥뜨릴 수밖에 없다. 어떤 사람은 "미루는 행동은 죽음과 같다"라고 말하기도 한다. 다소 과장되고 극단적 표현이라고 느끼는 사람이 많겠지만 사실이 그렇다.

사례   T는 최근 들어 가슴에 통증이 조금씩 느껴졌지만 대수롭지 않게 넘겼다. 주변 사람들이 병원에 한번 가보라고 했지만, 그는 이런저런 핑계만 댈 뿐이었다.

"요즘 바빠서 병원 갈 시간이 없어. 시간 내서 가는 것도 귀찮고……."

두 달 후 가슴 통증은 점점 더 심해졌고, 그는 더는 참을 수 없는 고통에 떠밀려 결국 병원에 가 검사를 받았다. 검사 결과를 보니 흉강에 물이 차 있었는데, 실상 매우 위험한 상태였다.

의사는 증상이 나타났을 때 병원에 왔으면 소염제와 주사 처방만으로 치료가 될 병이지만 지금은 수술을 받아야 할 만큼 심각한 상태라고 말했다. 조금만 더 늦게 병원을 찾았다면 그는 아마 목숨을 잃었을지도 모른다.

T는 처음 아플 때만 해도 별거 아닌 통증 정도로 여기고서 시간을 끌었는데, 굳이 병원을 가지 않아도 상관이 없는 상태였다. 하지만 고통이 참을 수 없는 지경까지 이르러 병원을 찾았을 때 조금 더 일찍 검사받지 않은 것을 뼈저리게 후회했다. T는 운 좋게 목숨을 건졌다. 하지만 미루는 습관을 고치지 못하고 똑같은 실수를 반복한다면 과연 그 행운이 또 한 번 찾아올까?

때로는 습관성 미루기 버릇이 상상을 초월할 정도의 엄청난 결과를 초래하기도 한다. 심리학에서는 '습관이 무의식적인 뇌의 작동 과정으로 변할 수 있다'라고 말한다. 미루기가 오래도록 지속되면 뇌는 그 상태를 오래 유지하며 기억하고, 그 행동은 차츰차츰 습관으로 굳어지게 된다. 제때 해결해야 할 문제를 계속 미루기 시작하면 마치 눈덩이를 굴릴수록 점점 더 커지는 것처럼 골칫거리도 늘어나 혼자 해결할 수 없을 지경까지 내몰린다. 그때는 후회해도 소용없다.

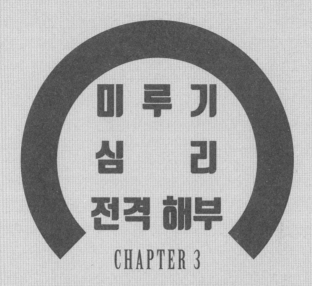

CHAPTER 3

미루기 심리의 함정 :
삶의 방향감각 상실

미래에 대한 청사진 그리기

미루기 습관을 바꾸기 위해 꼭 필요한 것은 명확한 목표 설정이다. 이때 목표의 크기는 중요하지 않다. 너무 크다고 못 이룰 것도 없고, 너무 작다고 이룰 가치가 없는 것도 아니다. 추진력이 강한 사람은 자신이 그린 목표의 청사진에 따라 행동한다. 그 이유는 아주 간단하다. 목표를 설정하고, 미래의 청사진을 그리는 것이야말로 효과적인 실행력을 뒷받침하는 동력이 되기 때문이다. 하지만 이 목표와 청사진은 반드시 합리적이어야 하고, 중간 점검 과정을 통해 목표에 맞게 실행 계획을 조금씩 조정해가야 한다.

다음 사례는 명확한 목표와 적극적인 태도를 보이고 자신의 꿈을 실행에 옮긴 한 젊은이의 이야기다.

사례 티모시는 쥘 베른(Jules Verne)의 소설《80일간의 세계 일주》를 읽고 난 후 세계 일주를 하고 싶은 꿈이 생겼다.

"그 누구도 80일간 세계 일주를 하는데, 나라고 못 하겠어? 하고자 하는 마음과 자신감만 있으면 해내지 못할 게 없지. 그래, 나도 꼭 해낸다!"

그는 곧바로 종이와 펜을 들고 앞으로 맞닥뜨리게 될 문제와 그것을 해결할 방법을 하나하나 적어 내려갔다. 당시 그는 프로 사진작가로 활동 중이었고, 자신이 가진 재능을 적극적으로 활용해 불가능을 가능으로 바꿔보기로 했다. 그는 모험을 결심한 후 곧바로 실행했다.

1. 여행지 토양 샘플을 제공하는 조건으로 제약 회사 찰스 피츠와 후원 계약 맺기.
2. 중동 국가의 도로 상황에 관한 정보 제공을 위해 국제운전면허증과 지도 준비하기.
3. 배를 탈 수 있는 선원 자격증 따기.
4. 뉴욕 경찰청에서 범죄 기록이 없다는 증명서 발급받기.
5. YMCA 회원 자격증 받기.
6. 항공사 홍보용 사진을 찍는 조건으로 비행기 무료 탑승에 동의하는 계약 체결하기.

당시 26세이던 티모시는 이 모든 것을 준비한 후 80달러를 챙겨 루마니아로 향했다. 이번 여행의 목적은 80달러로 세계여행을 하는 것이었다. 그렇다면 그는 어떤 여행을 경험했을까?

1. 캐나다 뉴펀들랜드섬 갠더 마을에서 아침 식사를 했을 때, 그는 주방에서 요리하는 모습을 촬영해주는 조건으로 그 비용을 해결했다.
2. 많은 나라에서는 담배가 화폐 역할을 했기에 그는 아일랜드의 슈퍼마켓에서 미국산 담배 네 갑을 4달러 8센트에 구입했다.
3. 파리에서 비엔나까지 이동 비용으로 운전 기사에게 돈 대신 담배 한 갑을 냈다.
4. 비엔나에서 기차를 타고 알프스산맥을 넘어 스위스로 갈 때, 기차를 타는 조건으로 승무원에게 담배 세 갑을 건넸다.
5. 시리아에서 버스를 타고 이동할 때는 사진을 찍어주며 알게 된 경찰관의 도움을 받았다.
6. 이라크에서는 고속버스 회사 사장과 직원들의 사진을 찍어주고 무료로 이란의 수도 테헤란까지 이동했다.
7. 방콕에서는 유명 여행사 사장에게 특수지역의 정보와 지도를 제공했고, 그는 감사의 표시로 체류에 필요한 모든 비용과 편의를 제공해주었다.
8. 한 여객선의 선원이 되어 일본에서 루마니아로 향했다.

이런 식으로 티모시는 '80달러로 세계 일주 실현하기'라는 목표를 달성할 수 있었다.

명확한 목표와 적극적인 마음가짐은 티모시의 이 특별한 목표를 달성하는 원동력이 되어주었다. 그의 사례는 자기 미래에 대한 과감한 시도와 원대한 삶의 목표가 전제되지 않으면 위대한 성과 역시 존재할 수 없다는 것을 보여준다. 멋진 청사진, 명확한 목표도 없는 인생은 부표 없는 바다 위를 떠다니는 배처럼 결국 방향을 잃고 표류할 수밖에 없다.

목표를 향한 구체적 계획 세우기

　서둘러 일하다 생기는 실수도 미루기로 이어지는 매개 고리가 될 수 있다. 이 실수를 바로잡으려면 시간이 필요하고, 그러다 보면 전체 일정이 자연스럽게 미뤄질 수밖에 없다. 실수 때문에 길을 다시 돌아가지 않으려면 치밀한 계획이 필요하다. 계획은 일을 실행하기 위한 로드맵일 뿐만 아니라 목표 달성을 위한 청사진이기도 하다.

　임신한 여성이라면 배 속의 아이를 세심하게 신경 쓰면서 그 아이가 태어난 후에 어떻게 키울 것인지 육아 계획도 세워야 한다. 그래야 아이가 체계적인 교육을 받을 수 있고, 자신의 재능을 키울 수 있기 때문이다. 욕망을 대하는 것도 이와 다르지 않아야 한다. 마음 깊은 곳에서 꿈틀거리는 욕망을 느꼈을 때 우리가 해야 할 일은 그 욕망을 실현하기 위해 실행 가능한 계획을 세우는 것이다. 계획은 바로 목표의 실현을 위해 정확한 방향으로 우리를 이끄는 로드맵이자 청사진이다.

한 젊은 초보 사냥꾼이 있었다. 그동안 그는 나이 든 베테랑 사냥꾼을 따라서 여러 차례 사냥을 나갔었다. 그러던 어느 날 그에게도 혼자 사냥을 나갈 기회가 찾아왔다. 그는 잔뜩 기대에 부풀어 만나는 사람마다 자랑을 늘어놓았는데, 주변 사람들은 그에게 엽총과 탄약을 미리 잘 점검해 문제가 없는지 꼭 확인하라고 조언해주었다. 하지만 이 젊은이는 자신감이 넘친 나머지 그들의 말에 전혀 귀를 기울이지 않았다.

젊은이는 너무 설레서 밤잠을 설쳤고, 다음 날 아침 일찍 집을 나섰다.

베테랑 사냥꾼은 그에게 총알을 먼저 장전해놔야 사냥감을 만났을 때 바로 총을 쏠 수 있다고 한 번 더 말해주었다.

"괜찮아요. 제가 총알을 장전하는 속도가 얼마나 빠른지 아시잖아요."

젊은이는 베테랑 사냥꾼의 충고가 잔소리라도 되는 듯이 한 귀로 듣고 흘려버렸다.

사냥을 시작한 지 얼마 지나지 않아 그는 강기슭에서 한 무리의 청둥오리를 발견했다. 그는 곧바로 총알을 꺼내 엽총에 장전을 시도했다. 하지만 경계심이 높은 청둥오리들은 그 작은 소리에 놀라 순식간에 날아가버렸다.

젊은이는 베테랑 사냥꾼의 충고를 듣지 않은 것을 후회하며 자책했다.

"총알을 미리 장전해놨어야 했어."

하지만 그는 이내 자신의 실수를 툭툭 털어내고 다시 힘을 냈다.

"아직 시간이 남았어. 아까는 예행연습이고 이제 더 큰 사냥감이 나타날 거야. 총알도 장전해놨으니까 사냥감만 나타나면 돼."

다행히 얼마 지나지 않아 그는 숲속에서 풀을 뜯어 먹고 있는 사슴한 마리를 발견할 수 있었다. 그는 흥분을 감추지 못한 채 그 즉시 엽총을 들고 숨죽여 조준한 후 과감하게 방아쇠를 당겼다. 하지만 철컥, 소리만 들릴 뿐 총알이 발사되지 않았다. 알고 보니 방아쇠에 문제가 있었다.

"왜 이렇게 재수가 없는 거야! 왜 자꾸 문제가 생기는 건데? 이럴 줄알았으면 사람들 말대로 오기 전에 엽총을 살펴볼걸."

결국 젊은 사냥꾼은 근거 없는 자신감과 자만심 때문에 두 번의 기회를 놓치고 아무 소득 없이 마을로 돌아가야 했다.

어떤 일을 하든지 사전에 철저히 계획하고 준비하는 과정을 거쳐야한다. 앞으로 일어날 일을 예측하고, 문제해결 방법을 모색하고, 행동방침과 청사진을 그려야 한다.

자신에게 맞는 계획은 절반의 노력으로도 그 이상의 효과를 거둘발판이 되어준다. 우리는 그 발판을 통해 잠재력을 최대치로 끌어올리고, 불안이나 조급함 같은 부정적 심리에서 벗어나 성공 가능성을높일 수 있다.

사례   1984년 도쿄 국제마라톤대회에서 무명의 선수 야마다 혼이치는 자신만의 맞춤형 운동 계획을 세우고 꾸준히 실천한 끝에 우승을 차지했다. 그는 한 인터뷰에서 자신이 경기에서 어떻게 그런 좋은 기록을 낼 수 있었는지 비결을 밝혔다.

"마라톤을 처음 시작할 때는 오로지 결승점만 목표로 하고 달렸습니다. 그렇게 하다 보니 심리적 중압감 때문에 쉽게 지치고 말았죠. 그래서 방법을 바꿨습니다. 마라톤 코스마다 보이는, 가장 눈에 띄는 목표물을 미리 정해두는 겁니다. 예를 들어 첫 번째 목표물은 박물관, 두 번째 목표물은 은행, 세 번째 목표물은 이색적인 건물……. 그리고 경기가 시작되면 그 목표물을 정복해야겠다는 마음으로 달렸습니다. 그렇게 하니까 목표물을 하나하나 지날 때마다 엄청난 에너지가 생기는 느낌이 들었죠. 계속 목표물을 정복하며 달리다 보니 전 코스를 수월하게 완주할 수 있었던 것 같습니다."

야마다는 자신만의 계획을 통해 마라톤 챔피언의 자리까지 올라갈 수 있었다. 이런 계획을 세우는 것은 사실 몹시 어려운 일도 아니다. 문제는 계획의 필요성을 전혀 못 느끼는 사람이 의외로 많다는 데 있다. 계획은 앞으로 나아가야 할 방향을 잡아주고 예상치 못한 변수에 발 빠르게 대처할 능력과 여유를 준다.

'병래장당, 수래토엄(兵來將擋, 水來土掩)'이라는 말이 있다. 군대가 몰려오면 장수가 막고 물이 밀려오면 흙으로 막는다는 뜻으로, 상황이 닥칠 때마다 그때그때 대책을 세운다는 의미를 담고 있다. 하지만 계획을 미리 세워놓지 않으면 일촉즉발의 위기 상황이 닥쳤을 때 쓸만한 '장수'와 충분한 수의 '병사'를 제때 찾아낼 수 있을까? 계획에 대한 필요성을 못 느낀다면 뚜렷한 목적의식이 없으므로 시간이 지날수록 갈피를 잡지 못한 채 점점 더 혼란스러워질 수밖에 없다.

계획은 자신에 대한 이해이자 앞으로 일어날 일에 대한 예측과 판단 그리고 문제해결의 청사진을 담고 있다. 계획은 꿈을 실현하고자 하는 모든 사람에게 없어서는 안 될 중요한 요소다. 욕망을 성공적 현실로 만들고 싶다면 자신에게 맞는 계획을 구체적으로 치밀히 세워야 한다.

방향키 수시로 점검하기

계획과 목표는 행동의 가이드 역할을 한다. 군인들은 전투를 시작하기 전에 작전을 짜고, 기업인들은 제품을 출시하기 전에 마케팅 계획을 세운다. 이처럼 계획 세우기는 목표를 실현하기 위해 반드시 거쳐야 하는 단계다. 물론 계획을 세웠다고 끝나는 건 아니다. 계획에 오류는 없는지, 실행 과정에서 원래 목표를 점점 벗어나고 있는 것은 아닌지 수시로 점검해야 한다.

사례   고등학교 3학년 학생인 내 조카는 3개월 뒤면 대학입시를 치러야 한다. 주말에 가족이 모이면 모두의 관심사는 자연스럽게 조카의 입시 문제로 집중되었다. 그때 조카와 할머니 사이에 오간 대화가 무척이나 인상적이었다.

할머니가 물었다.

"대학교는 정했니?"

"네이밍구대학이요."

"응? 1학년 때 베이징대학교라고 하지 않았어? 하향 지원을 하는 이유라도 있니?"

"그때는 멋모르고 꿈만 컸던 거고, 이제 입시가 코앞인데 현실을 직시해야죠. 1학년 때는 거창한 목표를 세우고 의욕을 불태웠지만, 3학년이 되고 보니 제 실력으로 베이징대학교에 가는 건 불가능해요. 실력도 안되는데 고집만 피워봤자 자신감만 떨어지고 공부할 의욕도 안 생기거든요."

"음, 그렇긴 하지. 목표만 높게 잡는다고 다 되는 건 아니니까. 너무 스트레스받지 말고 네가 정한 목표를 향해 열심히 노력하렴!"

이 이야기 속 조카의 말에도 일리가 있다. 계획과 목표는 모두 자신의 상황과 시기에 따라 정해야 하는데, 비현실적인 목표는 자신감만 떨어뜨릴 수 있다. 다만 목표를 세우는 것 못지않게 간과해서는 안 될 사항이 하나 있다. 바로 목표는 절대 고정불변의 대상이 아니라는 것이다. 많은 전문가는 학생들에게 계속해서 자신의 목표를 조정해야 한다고 조언하고 있다. 명문대를 동경해서 1등을 목표로 열심히 공부했지만 아무리 노력해도 성적이 일정 수준 이상으로 오르지 않는다면 과감하게 자신의 목표를 조정해야 한다. 그렇지 않으면 실현 불가능한 목표 때문에 좌절하게 되고, 이는 학습에 부정적인 영향을 미치기 때문이다. 한마디로 비현실적인 목표는 목표가 없는 것과 다르지 않다고 하겠다.

사실 공부뿐 아니라 일에서도 제때제때 자신의 계획을 조정해야 하며 맹목적으로 일해서는 안 된다. 일의 첫 번째 단계는 목표를 명확히 하는 것이다. 그래야 추진력을 얻어 앞으로 나아갈 수 있다. 하지만 전체를 관통하는 목표가 정해지면 세부적인 계획을 적절히 조절할 줄 알아야 한다. 석유왕 록펠러는 이렇게 조언했다.

"전면적인 검토를 하고 그다음, 어느 계획이 최선인지 결정하는 과정을 거쳐야 한다."

직장 초년생들은 록펠러의 이 말을 명심할 필요가 있다. 평소 준비를 철저히 하고 계획이 합리적인지 수시로 검토하면, 실수를 줄이고 자신감을 높일 수 있다.

일하는 과정에서 목표가 생기면 일과 목표를 계속 대조하며 진행 속도와 목표 사이의 거리를 명확하게 알 수 있다. 이렇게 해야 비로소 모든 난관을 극복하고 일의 추진력을 얻어 목표에 점점 다가갈 수 있다.

생각은 행동을 이끈다. 계획이 완벽하지 않으면 기계의 핵심 부품에 문제가 생긴 것처럼 결국 목표에 도달하기도 전에 탈이 날 수밖에 없다. 인생에서 가장 중요한 것은 남이 아니라 자신의 한계를 뛰어넘는 것이라고 했다. 그래서 우리는 자신의 실제 상황에 맞춰 목표를 세워야 한다. 다른 사람과 비교하는 것은 고통의 근원이다. 자신의 과거와 비교하는 것이야말로 삶의 원동력이자 행복의 원천이 되어줄 수 있다.

필연적으로 계획에는 부적절한 부분이 생기게 마련이므로 시시각각 적절한 조정이 필요하다. 다시 말해서 계획은 단계별로 그 효과를 점검하고, 원래 계획과 부합하지 않는 부분을 조정해야 한다. 자신에게 좀 더 적합한 새로운 계획이 앞으로 더 긍정적인 영향을 미칠 수 있기 때문이다.

그래서 큰 목표 아래 작은 목표를 세우고, 세분한 목표에 근거해 계획을 수립해야 한다. 목표를 세분하는 것도 자신의 목표를 제때 조정하는 데 도움 될 수 있다.

요컨대 자신의 실제 상황에 맞춰 노력으로 실현 가능한 목표를 세우고, 그 목표 역시 상황에 따라 계속해서 조정할 수 있어야 한다. 이런 식으로 해나갈 때 끊임없이 추진력을 제공해줄 목표가 만들어질 수 있다.

명확한 목표 앞에서
우유부단은 금물

우리는 매 순간 많은 선택과 마주해야 한다. 이때 어떻게 옳은 선택을 하느냐에 따라 이익을 최대로 끌어올릴 수 있다. 다양한 이익의 선택지 앞에 서게 되면 많은 사람이 모든 이익을 주머니에 넣고 싶어 한다. 이런 탐욕과 집착 때문에 우리는 항상 주저하며 우유부단해진다.

인생의 갈림길에서 우리는 늘 한 가지 방향을 선택해야 한다. 이때 일의 전후 상황을 살펴 주도면밀하게 계획을 세운다면 실수가 생길 확률을 낮출 수 있지만, 자칫 좋은 기회를 놓칠 큰 대가를 치르게 될 수도 있다. 인생의 방향과 관련된 선택은 옳고 그름으로 나뉜 하나의 선택지만 있는 것이 아니므로 그 어떤 결정도 완벽한 경지에 도달할 수 없다. 미래는 늘 미지의 불확실성으로 가득 차 있다. 우리가 할 수 있는 일은 기회가 나타났을 때 그걸 놓치지 않고 잡는 것뿐이다.

사례　　성공학의 대가 나폴레온 힐(Napoleon Hill)은 스물다섯 살이 되던 해에 기자 신분으로 철강왕 카네기를 인터뷰할 기회를 얻었다. 인터뷰가 순조롭게 진행되는 와중에 카네기가 예상치 못한 질문을 했다.

"자네 무보수로 20년 동안 세계의 성공한 인물들을 연구할 의향이 있나?"

무보수라면 당연히 누구도 원하지 않을 일자리였다. 하지만 세계에서 가장 성공한 인물을 만날 기회를 얻는 것은 힐이 줄곧 꿈꾸던 일이었다. 서로 상충하는 선택지 앞에서 그는 순간 고민에 빠졌다. 하지만 그는 그것이 인생에 활력을 불어넣어줄 도전적인 일이 될 거라고 판단했고, 과감하게 대답했다.

"물론입니다!"

카네기는 그의 빠른 답변에 한 번 더 물었다.

"정말 그러고 싶은 건가?"

"네, 그럼요!"

그의 대답은 좀 전보다 더 단호했다.

카네기는 만족스러운 미소를 띠며 손목시계를 가리켰다.

"젊은이, 자네가 60초 안에 대답하지 못했다면 이 기회를 얻지 못했을 거네. 지금까지 100명이 넘는 젊은이들이 이 질문을 받았지만 이렇게 빨리 대답한 이가 없었지. 다들 지나치게 우유부단했거든. 자, 이제 기회는 자네 것이 되었네."

그 후 그는 카네기의 추천을 받아 에디슨 같은 세계적 유명인사들을 인터뷰하는 행운을 누렸다. 불과 몇 년 만에 그는 500명에 달하는 다양한 분야의 유명인사와 인연을 맺었고, 그들의 성공담을 자신의 저서 《성공의 법칙》에 담아냈다. 물론 이 책은 출간과 동시에 베스트셀러가 되었다.

20년의 노력 끝에 나폴레온 힐은 미국의 저명한 학자, 연설가, 교육자, 베스트셀러 작가가 되었다. 그는 미국 윌슨 대통령의 홍보 담당 비서관과 루스벨트 대통령의 고문관도 역임했다.

나폴레온 힐은 자신의 성공 비결로 '과감함'을 꼽았다. 그는 우유부단이야말로 성공을 가로막는 최대의 적이며, 부를 축적하는 데 실패한 사람들은 예외 없이 모두 결단력이 매우 느렸다고 말했다. 성공으로 가는 길에서 기회는 누구에게나 똑같이 주어진다. 다만 그 기회를 잡는 자와 놓치는 자의 차이가 있을 뿐이다.

쓸데없는 근심과 걱정에 휩싸이면 결정을 주저하다가 딜레마에 빠지며 좋은 기회를 놓칠 수 있다. 시대를 통틀어 위대한 업적을 남긴 사람들은 모두 한가지 공통된 특징을 가지고 있다. 바로 과감한 결단력이다. 축구 감독은 과감한 선수 교체를 통해 경기 흐름을 바꿀 수 있고, 군사 전략가는 결정적인 공격으로 기선을 제압할 수 있다. 또한 기업가는 과감한 의사결정으로 시장에서 유리한 입지를 다질 수 있다.

사례 1975년 3월 멕시코에서 발생한 돼지 콜레라는 소와 양 등 다른 가축에까지 전염되었다. 당시 영세한 육류 가공 회사의 사장이던 P는 그 소식을 듣는 순간 일생일대의 기회가 찾아왔다고 직감했다. 멕시코에서 돼지 콜레라가 발생하면 인접한 캘리포니아주와 텍사

스주도 그 재앙을 피해 가기 어려웠기 때문이다. 이 두 주는 미국 육류의 주요 공급지였다. 따라서 육류 공급이 수요를 따라가지 못하면 육류 가격이 폭등할 수밖에 없을 것이었다.

다른 사람들이 주저하거나 안일하게 대처하고 있을 때 그는 과감한 결단을 내렸다. 그는 회사 자금과 인력을 총동원해 돼지 콜레라가 멕시코를 벗어나기 전에 캘리포니아주와 텍사스주로 가서 돼지고기, 소고기, 양고기를 대량으로 사들였다. 한 달이 채 되기도 전에 그의 영세했던 회사는 충분한 양의 육류식품을 확보할 수 있었다.

혹자는 "인생은 하루하루가 새로운 시작이고, 우리가 통제할 수 있는 건 출발할 것인지 아니면 기다릴 것인지를 결정하는 일뿐이다"라고 했다. 우리는 삶 속에서 얼마든지 기회를 만날 수 있다. 하지만 그 기회는 번개처럼 너무나 순식간에 지나간다. 그래서 그 기회를 잡으려면 과감한 결단과 행동력이 필요할 수밖에 없다.

'이 세상에 안정을 추구하는 우유부단한 자들이 만들어낸 위대한 업적은 없다.'

이는 영국의 소설가 조지 엘리엇(George Eliot)의 말이다. 과감한 결단력이 있어야 모험과 도전을 거쳐 성공을 거둘 수 있다. 그것이 잘못된 선택이라면 그 즉시 바로잡으면 된다. 실패가 두려워 전후좌우를 살피고 주저한다면 더는 한 발짝도 나가기 힘들다.

목표 달성 카운트다운하기

한 가지 일을 끝까지 해내지 못하는 건 대부분 자신에게 엄격하지 못한 것과 관련된다. 목표를 달성하기 위해 기한을 설정하면 일을 끝내고자 하는 의지력을 강화할 수 있다. 의지력이 부족하면 일을 미루는 심리가 생길 수 있다.

'미루기'는 이미 목표에 도달하기 어렵다는 의미를 그 말 안에 담고 있다. 이 심각한 방해꾼이 등장하면 설령 목표에 도달한다 해도 그 과정이 가시밭길이 될 수밖에 없다.

사례　19세기 낭만주의 시대를 대표하는 위대한 시인 콜리지(Samuel Taylor Coleridge)는 눈부신 업적을 세울 수 있었지만, 본래 그의 것이어야 할 영예는 그와 동시대를 살던 윌리엄 워즈워스(William Wordsworth)에게 돌아갔다.

콜리지의 비극은 바로 그의 구제 불능에 가까운 미루기병에서 시작되었다. 그는 약속한 작품을 10년이 넘도록 질질 끌며 완성하지 못할 만큼 중증의 미루기병에 걸려 있었다. 그의 시편 중 지금까지도 영문학 강의에 등장할 정도로 유명한 장을 살펴보면 미루기의 흔적이 고스란히 남아 있다. 그의 작품은 대부분 미완성 상태에서 발표되었고, 그나마 완성된 작품으로 발표된 〈노수부의 노래〉 역시 5년이 지나서야 출판사에 넘겨졌다.

미루기병은 콜리지에게 나쁜 영향을 미쳤고, 그에게는 미루기와 핑계, 거짓말, 타락과 실패의 낙인이 찍히기 시작했다.

재정적인 문제 역시 콜리지의 삶을 강타했다. 대다수 프로젝트가 치밀하게 계획되어 있었지만, 제때 시작되거나 끝을 맺는 경우가 거의 없었기 때문이다. 게다가 아편중독으로 건강마저 급격히 나빠졌는데 10년을 미루다 치료를 받기도 했다. 미루기병이 깊어질수록, 다가오는 원고 마감 스트레스는 그에게서 글 쓰는 기쁨을 빼앗아 갔다. 결국 친구들도 그에게서 등을 돌렸고 심지어 그의 결혼마저도 무산되었다.

콜리지는 본래 엄청난 성공을 거두기에 충분한 재능을 가진 위대한 시인이었다. 하지만 그는 미루기병에 걸려 성공의 기회와 부, 건강, 행복을 잃어버렸다. 콜리지의 전철을 밟지 않으려면 강한 의지력으로 미루기병을 극복해야 한다.

일할 때 의지력이 뒷받침되지 않으면 미루는 심리가 고개를 들기 시작한다. 오늘 해야 할 일을 내일로 미루는 행위는 며칠, 몇 주 동안 계속 이어질 수 있고, 결과적으로 한정된 시간 안에서 그 일을 마무리하기 위해 엄청난 시간과 에너지를 소비해야 한다. 그래서 미루기가 반복되면 심리적 부담감이 커지면서 의욕을 잃는다. 이런 일을 막는 데 필요한 것이 데드라인이다. 미루기 습관을 지닌 사람은 일의 데드라인을 정하고, 그 기한을 엄격하게 지키려는 노력을 해야 한다. 그렇다면 어떻게 해야 기한 내에 임무를 완성할 수 있을까?

첫째, 임무의 시작부터 완료까지의 시간표를 짠다.

마감 기한을 설정한 후, 늦어도 언제까지 끝낼지를 정한다. 그렇게 하지 않으면 실제 필요한 시간보다 몇 배의 시간을 소비해야 일을 완성할 수 있다. 이것은 일의 순조로운 진행 과정에 불리할 뿐 아니라 미루기병을 중증으로 진행시키고 의지력을 무너뜨릴 수 있다. 자신의 시간을 계획할 때는 여가, 운동, 가족과의 시간 등 일 이외의 시간도 포함해야 한다. 이런 요소들이 일을 미루는 핑계가 되기 때문이다.

둘째, 집중적으로 일할 시간을 정해 일의 효율을 높인다.

일을 미루려는 조짐이 보이면 집중적으로 일할 시간을 정해놓고 카운트다운하는 것도 좋다. 이렇게 하면 심리적으로 긴장감을 높여 집중에 도움이 된다. 예를 들어 집중해서 일할 시간을 20분으로 정해놓았다면 알람을 설정해 그 시간만큼은 무조건 일에 집중해야 한다. 20분이 지난 후 5분 정도는 휴식 시간을 갖는 편이 좋다. 이때는 심호흡하거나 밖으로 나가 몸과 마음을 이완시키고, 휴식이 끝나면 다시 20분 동안 일에 집중한다. 20분이 너무 길다면 시간을 10분 심지어 1분 정도로 짧게 잡아도 무방하다. 이 시간만이라도 집중력을 높인 후 점점 그 시간을 늘려가는 것이다. 작업 시간 동안 집중력이 자꾸 분산된다면 휴식 시간까지 몇 분만 더 버티면 된다는 암시를 통해 그 시간에 최대한 집중하려고 노력해야 한다.

셋째, '창조적 미루기'를 시도한다.

'창조적 미루기'는 작업 마감 전까지 먼저 처리해야 할 단기 작업을 새롭게 조정하는 것을 가리킨다. 예를 들어 자신이 좋아하는 일부 작업을 먼저 처리하고, 좋아하지 않는 작업을 뒤로 미루는 식이다. 이런 방식은 전체 목표를 달성하고, 불필요한 에너지의 낭비를 줄이는 데 효과적이다. 이때 주의해야 할 점은 우선 처리할 단기 작업이 전체 목표와 전혀 상관없는 것이 되어서는 안 된다.

작은 목표부터 하나씩 실천해가기

중국 완다그룹의 회장 왕젠린(王健林)은 이렇게 말했다.

"꿈을 이루려면 작은 목표를 먼저 세워야 합니다. 제일 좋은 방법은 달성 가능한 작은 목표를 세우는 겁니다. 예를 들어서 나는 1억 위안 (약 182억 원)을 벌겠다는 작은 목표를 세우는 겁니다."

이 말이 방송을 탄 후 온라인 커뮤니티에서는 '1억 위안을 벌겠다는 작은 목표'가 우스갯소리처럼 회자되고 있다. 그런데 여기서 우리는 작은 목표에 주목할 필요가 있다. 그것이 바로 모든 일의 시작점이기 때문이다.

신동방그룹의 창립자 위민훙(俞敏洪)은 큰 목표를 수많은 작은 목표로 분해하는 데 능통한 고수로 정평이 나 있다. 그는 최종 목표에 도달하는 여정을 큰 집을 짓는 일처럼 어려운 과정이라고 바라봤다. 아름다운 집을 지으려면 벽돌을 하나하나 쌓아 올려야 하는데, 이 벽돌 하나하나가 바로 작은 목표에 해당한다. 그리고 이 작은 벽돌이 없으면 집은 결코 완성될 수 없다. 다음은 이에 관한 에피소드다.

사례 위민훙의 아버지는 고향에서 실력 좋은 목수로 유명했다. 그랬기에 집을 짓고 싶은 마을 사람들은 모두 그의 아버지에게 가서 도움을 청했다.

그런 그의 아버지에게는 깨진 벽돌 조각을 수집하는 특이한 취미가 있었다. 그의 아버지는 집 짓는 일을 도우러 갈 때면 공사가 마무리된 후 깨진 벽돌을 한두 개씩 주워 왔다. 때로는 길을 걷다가 버려진 벽돌이 보이면 바로 주워 오기도 했다.

그러다 보니 그의 집 마당에는 벽돌 조각들이 쌓여가기 시작했고, 마당은 점점 더 좁아져 어수선해졌다.

그런데 벽돌이 일정 높이까지 쌓이자 그의 아버지는 마당 한구석의 빈 곳을 측정하고, 도랑을 파고 터를 다진 후 진흙을 이겨 벽돌 조각을 쌓아 올렸다. 그리고 얼마 지나지 않아 멋진 작은 헛간 하나가 세워졌다. 헛간이 완성되자 그의 아버지는 노천에서 방목하던 돼지와 양을 그곳에 몰아넣고 마당을 청소했다.

어린 그의 눈에 비친 아버지는 버려진 벽돌을 모아 근사한 헛간을 만든 마법사처럼 보였다. 그때 그 일은 그에게 깊은 인상을 남겼고, 훗날 그의 삶과 일을 대하는 태도에 절대적인 영향을 미쳤다.

위민훙은 당시를 떠올리며 이런 말을 했다.

"하나의 벽돌이든, 한 무더기의 벽돌이든 그것은 중요하지 않습니다. 당신의 마음속에 집을 짓겠다는 목표가 없다면 세상의 모든 벽돌을 가진들 쓰레기에 불과하기 때문이죠. 반대로 집을 짓겠다는 목표만 있고 벽돌이 없는 경우에도 절대 목표를 실현할 수 없습니다. 그 당시 우리 집은 너무 가난해 벽돌을 살 돈조차 없었죠. 하지만 아버지는 자신의 목표를 포기하지 않으셨고, 기회가 될 때마다 벽돌을 모아 마침내 자신이 원하던 헛간을 지으셨던 겁니다.

그래서 전 새로운 일을 시작하기에 앞서 항상 두 가지 질문을 나 자신에게 던집니다. 하나는 이 일의 목표가 무엇인지 묻습니다. 맹목적으로 하는 일은 벽돌을 잔뜩 주워 쌓아놓기만 할 뿐 그걸로 무엇을 해야 하는지 모르는 것과 같으니 시간만 낭비하는 겁니다. 두 번째는 얼마나 노력해야 이 일을 완성할 수 있을지 묻습니다. 다시 말해서 벽돌을 한 번에 다 모을 수 없으니 얼마나 많은 벽돌을 모아야 헛간을 제대로 지을 수 있는지 먼저 확인한 후 인내심을 가지고 목표량을 채워나가는 거죠.

모든 작은 목표가 합쳐져서 큰 목표가 됩니다. 마치 벽돌을 하나둘씩 옮기는 것처럼 말입니다. 물론 평생 벽돌만 옮겨서는 큰일을 해낼 수 없겠죠. 하지만 큰 목표를 생각하면서 작은 목표를 하나씩 달성해 나아간다면 누구나 성공의 열매를 딸 수 있을 겁니다."

'물이 고여 깊어지지 않으면 큰 배를 띄울 수 없다'라는 장자의 말처럼 성공 역시 무수히 많은 작은 성공이 쌓였을 때만 비로소 그 추진력을 얻을 수 있다. 기업의 경영도 다르지 않다. 경영자가 착실하게 기반을 다지며 실력을 쌓아 올려야 비로소 지속적인 발전이 가능해진다.

합리적인 목표 세우기

어떤 일을 시작하려면 명확한 목표가 필요하다. 목표의 설정은 승패의 관건이 된다. 성공에 대한 열망이 크고 절박하면 이성적 판단력을 잃고, 심지어 자신의 능력을 과대평가하는 경우가 많아 결국 실패를 초래할 수 있다. 따라서 올바르고 합리적인 목표를 세워야만 더 효율적으로 일을 추진하고 계획을 현실로 만들 수 있다.

어릴 때 우리는 만화 속 슈퍼히어로가 되기를 꿈꾼다. 하지만 정작 어른이 되고 나면 영웅이 되기에 앞서 자격을 갖춘 평범한 사람이 되어야 한다는 사실을 깨닫는다. 원대한 목표는 영감과 동기부여에 도움을 줄 수 있지만, 그것이 환상이나 전설에 머물러서는 안 된다. 그렇지 않으면 추진력을 얻을 수 없을 뿐 아니라 중압감에 짓눌려 성공에서 점점 멀어지고 만다.

어떤 사람은 지금 하늘의 별을 딸 능력이 없다면 포도 덩굴에서 포도를 먼저 따는 편이 낫다고 말한다.

사례　　K는 철밥통이라 불리는 공무원이 되었다. 그녀가 공무원 시험에 합격했을 때 가족들은 함께 기뻐해주었다. 하지만 그녀는 안정적인 평생직장에 전혀 만족하지 못했다. 얼마 후 그녀는 남들이 다 부러워하는 직장을 그만두고 창업을 선택했다. 가족은 물론 친구들까지 극구 말렸지만, 그녀는 흔들리지 않았다. 초반에는 자본이 부족해 평범한 주택가에 작은 가게를 얻어 액세서리를 팔았다. 그녀는 구매 원가를 낮추기 위해 발품을 팔아가며 도매시장을 돌아다녔다. 그렇게 시간이 흘러 고생 끝에 마침내 낙이 찾아왔다. 가격적 장점 때문인지 그녀의 가게가 입소문을 타기 시작했고, 지역 주민들의 발걸음이 이어졌다.

자본이 축적되자 그녀의 목표는 더 높아졌다. 그녀는 몇 년 안에 자신만의 브랜드를 만들고 싶다는 꿈이 생겼고, 작은 가게는 그녀의 야망을 더는 충족시켜주지 못했다. 그래서 그녀는 주변 사람들의 반대에도 대출을 받아 두 군데에 분점을 열었다. 하지만 사업은 뜻대로 풀리지 않았다. 대학가와 고급 주택가 근처에 낸 분점은 유행에 민감한 대학생과 명품에 열광하는 부유층의 시선을 끌지 못했다.

또 다른 분점은 장소 선정에 실패했다. 그곳은 철거와 도로 공사 때문에 행인과 차량의 통행이 통제되었고, 그 탓에 쇼핑을 오는 사람들의 발길이 끊어졌다.

그녀는 분점을 유지하기 위해 고군분투했지만 빚을 갚을 만큼의 수익조차 나오지 않자 결국 문을 닫을 수밖에 없었다.

그녀의 꿈은 그렇게 산산조각이 났다. 패인은 초기 성공에 도취해 너무 높은 목표를 설정한 데서 찾아볼 수 있다. 그녀의 경제적 능력과 사업 경험에 비추어봤을 때 그녀는 분점을 두 군데나 운영할 능력이 되지 않았다. 게다가 가장 기본적인 사전 시장조사 작업조차 되지 않은 상황에서 자체 브랜드를 만들려고 했던 무모함도 실패에 한몫했다.

꿈을 원대하게 갖는 것은 비난받을 일이 아니다. 다만 눈앞의 길도 제대로 보지 못한 채 애써 보이지도 않는 먼 곳만 바라본다면 결국 난관 앞에서 좌절하고 방향을 잃게 될지 모른다.

사례 윌리엄 오슬러(William Osler)는 학창 시절부터 이미 원대한 꿈을 품고 있었다. 그는 누구보다도 성공을 갈망하며 늘 대단한 업적을 세우는 인물이 되고 싶어 했다. 그래서 그는 자신의 꿈을 실현하는 데 학교생활은 별로 도움 되지 않는다는 이유로 학업에 전혀 관심을 두지 않았다. 이런 마음가짐은 그의 학창 시절을 지루하게 만들었고, 공부조차 소홀히 한 탓에 성적은 갈수록 나빠졌다. 그러던 어느 날 그를 지도하던 선생님이 유명한 철학 서적 한 권을 그에게 읽어보라고 권해주었다.

그런데 놀랍게도 그 책 속 한 구절이 그의 삶에 한 줄기 빛이 되어주었다. 바로 '모호하고 불확실한 먼 곳에 존재하는 무언가만을 바라보지 말고, 눈앞에 보이는 가장 구체적인 일에 먼저 집중해야 한다'라는 말이었다.

그는 미래에 대한 원대한 포부는 인생의 비전이자 삶의 희망일 뿐이며, 그 꿈을 실현하기 위해 현재에 충실하고 성장을 멈추지 않아야 비로소 그 기회를 잡을 수 있다는 걸 깨달았다. 그날 이후 그는 열심히 공부에 매진해 꿈을 이루기 위한 자신의 조건을 차곡차곡 쌓아가기 시작했다.

몇 년간 노력한 끝에 그는 마침내 우수한 성적으로 졸업하고 훌륭한 의사가 되었다. 훗날 그는 존스홉킨스대학과 존스홉킨스병원을 설립해 자신의 꿈을 현실로 만들어냈다.

현실과 동떨어진 비현실적인 목표는 사람을 그릇된 길로 인도하기 쉽다. 꿈을 원대하게 갖는 것도 필요하지만, 그 목표를 이루기 위해 시간과 노력을 투자하며 경험과 지식을 차곡차곡 쌓아가지 않는다면 꿈은 그저 꿈으로 끝나버릴 것이다.

고대 로마의 철학자 시리우스는 이런 명언을 남겼다.

'가장 높은 곳에 도달하려면 가장 낮은 곳에서부터 시작해야 한다.'

현재 주어진 일을 충실히 하는 것은 우리가 꿈꾸는 빌딩을 짓기 위해 주춧돌을 놓고 벽돌을 쌓아 올리는 일과 같다. 제아무리 사소해 보일지라도 위대한 업적은 작은 일들을 착실하게 쌓는 것에서부터 출발한다.

미 루 기
심   리
전격 해부

CHAPTER 4

미루기의 치명적 독성 :
심리적 붕괴와 중독

인생에서 대부분의 두려움은
미루기로부터 시작된다

과감한 행동력은 두려움을 치유하는 좋은 처방이 될 수 있다. 모건 스캇 펙(Morgan Scott Peck)은 저서 《아직도 가야 할 길》에서 말했다.

'대부분 두려움은 미루기와 관련이 있다. 우리는 늘 변화를 두려워한다. 그런데 그 이유를 따져보면 새로운 환경에 적응하거나 새로운 지식을 습득하는 일에 게으르기 때문이다. 새로운 분야를 대할 때 늘 이런 모습을 보인다면 어떻게 자신을 성장시킬 수 있을까?'

이 말을 통해 우리는 두려움을 만드는 중요한 원인 중 하나가 바로 미루기라는 것을 알 수 있다.

사례 　보험설계사 맨리 스위스의 취미는 낚시와 사냥이었다. 그는 낚싯대와 엽총을 가지고 숲을 즐겨 찾았는데, 때로는 숲속에서 며칠 동안 머물며 취미를 즐길 때도 있었다. 물론 험한 곳에서 지내는 게 쉽진 않았지만 다 끝나고 일상으로 돌아가면 삶에 활력이 생겼다. 다만 야영하던 호숫가를 떠나 일상으로 돌아가야 할 때마다 떠나고 싶지 않은 미련이 늘 그를 괴롭혔다.

그러던 어느 날 그의 머릿속에 아이디어 하나가 퍼뜩 떠올랐다. 사실 따지고 보면 위험한 숲속에서 야영과 사냥을 하는 사람들도 보험이 필요했고, 그렇다면 숲이라는 공간 자체도 방대한 잠재시장이 될 수 있었다. 그가 기회를 잡을 수만 있다면 사냥과 낚시를 즐기며 일까지 할 수 있으니 일거양득이 따로 없었다. 그렇게 되면 알래스카 회사의 직원들, 철도 주변에 거주하는 사냥꾼들과 광부들은 모두 그의 잠재고객이었다.

그는 즉시 생각을 행동으로 옮겼다. 그는 철저한 계획을 세운 뒤 바로 알래스카로 향했고, 철길을 따라 이동하며 그곳에 사는 주민들을 만나 친분을 쌓아갔다.

그곳 주민들은 그를 '걸어 다니는 맨리'라고 불렀고, 그가 지나갈 때면 늘 반갑게 인사를 해주었다.

1년 후 그의 보험 판매 실적은 치솟았고, 그의 연봉도 따라서 올랐다. 이뿐만 아니라 그는 그토록 좋아하는 숲속 낚시와 사냥을 계속 즐기며 일도 소홀히 하지 않는 가장 이상적인 일과 삶의 균형을 만들어 냈다.

우리가 무엇을 추구하든 거기에는 늘 걸맞은 대가가 따른다. 아무리 완벽한 계획이라도 행동으로 옮기지 못하면 결국 아무 수확도 할 수 없다. '강에 가서 물고기를 탐내는 것보다 차라리 물러나서 그물을 뜨는 편이 더 낫다'라는 말이 있다. 남을 부러워하거나 허황한 미래를 꿈꾸기보다 지금 즉시 생각을 행동으로 옮겨 마음속에 두려움이 자리 잡지 못하도록 만들어야 한다.

추진력을 떨어뜨리는 미루기 습관

'천재는 1%의 영감과 99%의 노력으로 만들어진다.'

이는 발명가 에디슨의 말이다. 천부적 재질이 있다고 한들 끈기와 노력이 뒷받침되지 않는다면 성공에 도달할 수 없다. 칭찬과 박수는 그 노력의 결과물일 뿐이다. 그래서 우리는 다른 사람의 삶을 부러워하거나 세상이 불공평하다고 말하기에 앞서 자신에게 노력과 끈기가 부족한 것은 아닌지, 혹은 미루기 습관이 있는 것은 아닌지 물어볼 필요가 있다.

미루기는 당신의 몸에 장착된 적극성을 무장 해제시키는 뛰어난 능력을 갖추고 있다. 미루기 습관이 생기면 당신이 과감하게 추진력을 발휘하려고 할 때마다 귓가에서 이런 말이 들려올 것이다.

'할 일이 이렇게나 많은데 오늘 다 하는 건 불가능해. 내일 시작해도 늦지 않아.'

이 악마의 속삭임에 넘어가는 순간 당신의 끈기와 노력은 점점 힘을 잃게 되고, 성공 역시 멀어질 수밖에 없다.

사례   빌 게이츠(Bill Gates)는 자신의 성공 요인을 묻는 말에 "열심히 일하고, 자신에게 엄격한 사람이 되어야 한다"라고 대답했다. NBA의 전설적인 스타 코비 브라이언트(Kobe Bryant) 역시 매일 새벽 4시에 기상해 1시간 30분 동안 지독하게 훈련하는 반복적인 일과를 자신의 성공 비결로 꼽았다.

하늘의 도는 부지런함에 보답한다는 '천도수근(天道酬勤)'이라는 말처럼 한 사람의 성공은 그 사람의 노력과 끈기의 결과물이다.

마이클 펠프스(Michael Phelps)는 수영계의 전설로 '인간 물고기'라고도 불린다. 그의 두 팔 길이는 그의 키보다 7센티미터나 더 긴 2미터에 육박했고, 폐활량은 일반인의 2배에 가까웠다. 그가 수영장에서 하나하나의 기적을 만들어내는 데에는 이러한 타고난 신체적 조건도 한몫했다. 하지만 올림픽 금메달 뒤에는 신체적 조건에 가려 남들이 볼 수 없었던 10년간의 피땀 어린 노력이 숨어 있었다. 그 시간 동안 그가 흘렸던 땀방울은 그의 잠재력을 최대치로 끌어내준 일등공신이었다.

펠프스는 타고난 재능만으로는 절대 올림픽 메달을 딸 수 없었을 거라고 말한다. 그는 열한 살 때부터 올림픽 금메달을 목표로 극한의 훈련에 돌입했다. 그는 매일 새벽 5시 30분경에 일어나 훈련을 했고, 이런 훈련은 설령 크리스마스라고 해도 예외가 아니었다. 훈련 강도가 높을 때는 매주 적어도 100킬로미터 이상을 수영하기도 했다.

이런 피나는 노력과 평범한 일상의 즐거움을 포기하는 대가를 치르지 않았다면 제아무리 천부적 재능을 타고난들 세계 기록을 몇 번이나 깨는 기적을 만들어내지 못했을 것이다.

성공을 위해 천부적 재능보다 더 중요한 것은 1%의 가능성을 위해 99%의 땀을 쏟아붓는 것이다. 펠프스는 자신의 훈련 과정을 통해 이 진리를 몸소 증명해 보여주었다.

중국의 유명한 작가 빙신(氷心)의 작품 《뭇별》에는 이런 글이 등장한다.

'성공의 꽃, 사람들은 지금 보이는 화려함에 감탄하고 흠모하지만, 그 꽃의 어린싹은 피의 희생으로 가득한 치열한 투쟁의 눈물에 잠겨 있었다.'

성공한 인물들의 성장 과정은 보통 사람을 뛰어넘는 노력의 연속이었다. 인생을 일정 고도까지 올리고 싶다면 설령 지치고 상처투성이가 되더라도 쉬지 않고 올라가야 한다. 기회와 명예는 언제나 인내와 노력을 게을리하지 않는 사람에게 주어진다.

사례 공포소설의 거장 스티븐 킹(Stephen King)은 전화 요금조차 낼 수 없을 정도로 가난한 환경에서 살았다. 하지만 그는 자신의 노력으로 세계적인 문학의 대가가 되었다. 그는 자신의 성공 비결을 말할 때면 늘 근면과 성실을 꼽았다.

그는 매일 새벽에 일어나 타자기 앞에서 하루를 시작했고, 1년 365일을 거의 작품 창작에 쏟아부었다. 그가 자신에게 허락한 휴식 시간은 생일 그리고 크리스마스와 독립기념일 단 사흘뿐이었다.

근면과 성실은 그에게 영원히 마르지 않는 샘과 같은 영감을 주었다. 다른 작가들은 영감이 떠오르지 않으면 다른 일을 하며 마음의 힐링을 찾곤 한다. 하지만 그는 쓸 만한 것이 없을 때도 창작의 칼날이 무뎌지지 않도록 5천 자씩을 꾸준히 써 내려갔다.

'태양의 첫 입맞춤은 부지런한 사람의 뺨에 먼저 닿는다'는 말처럼 스티브 킹은 그 입맞춤을 받은 행운아임이 틀림없어 보인다.

독일의 정치인 빌헬름 리프크네히트(Wilhelm Liebknecht)는 "재능의 불꽃은 근면의 부싯돌에서 시작된다"라고 했다. 근면은 성공으로 향하는 유일한 길이고, 이것이 없다면 제아무리 천재라도 바보가 될 수 있다.

절망과 우울이 찾아온 순간, 바늘과 실처럼 따라붙는 미루기 심리

　살아가면서 우리는 종종 말로 설명할 수 없는 절망감과 우울감에 빠져들곤 한다. 특히 일이 뜻대로 풀리지 않으면 우울한 기분을 뛰어넘어 무기력감에도 빠진다. 이런 무기력증이 찾아오면 일할 때도 집중하지 못하고, 가족과 있을 때면 쉽게 짜증을 내고, 가장 좋아하는 책을 읽을 때조차도 글자가 눈에 들어오지 않는다. 바로 이때 바늘과 실처럼 일을 미루고 싶은 심리가 따라온다.

　계속되는 경기 침체와 취업난으로 그리스 젊은이들의 국가에 대한 절망감이 극에 달했다. 그들은 자신들이 그리스 역사상 가장 우울한 세대라고 불평을 쏟아냈다. 그들은 일할 능력이 되지만 아무것도 할 수 없는 현실 앞에서 자신을 영원한 패배자라고 말하며 절망했다. 비슷한 생각을 하는 젊은이들이 늘어나면서 그리스는 생기를 잃어갔다. 사람들은 매일 만날 때마다 답답한 마음을 토로하며 분노했고, 심지어 어떤 사람들은 이민을 생각하기도 했다.

우울한 감정은 한 국가의 앞날과 운명뿐 아니라 개인의 삶에도 부정적 영향을 미칠 수 있다. 몇 년 전에 미국 드라마 〈그로잉 페인즈〉에서 버나드 역을 맡은 배우의 실종 사건이 일어났다. 소식통에 따르면 그는 실종되기 전에 심적으로 힘든 일들을 겪으며 우울증을 앓았다고 한다. TV에서 대중에게 즐거움을 주던 연기자조차 우울증 때문에 극단적 선택을 하는 걸 보면 우울증의 파괴력을 미루어 짐작할 수 있다.

살다 보면 실망스럽거나 우울한 감정에 빠지게 만드는 일들을 피하기 어렵다. 하지만 이런 감정에 대한 반응은 사람마다 다르다. 오해가 생겨 상사에게 질책받았을 때 어떤 사람은 집에 돌아가 가족들에게 화풀이하고, 또 어떤 사람은 농구를 하며 땀을 쏟아내거나 술로 스트레스를 푼다. 마찬가지로 원하는 취직이 뜻대로 되지 않으면 어떤 사람은 세상의 불공평함을 탓하며 온종일 절망 속에 빠져 있고, 또 어떤 사람은 스스로 문제점을 찾아 자신의 능력과 가치를 높이기 위해 다방면으로 노력할 뿐 아니라 자신의 경험을 주변 사람들과 적극적으로 공유하며 긍정의 에너지를 얻는다.

그래서 좌절과 우울한 감정이 찾아왔을 때는 그 감정이 생활 곳곳에 스며들도록 놔두지 않는 것이 가장 중요하다.

사례　내 친구 C의 부인은 서른일곱 살에 임신했다. 그녀는 원래 약골이었기에 당사자뿐 아니라 양가 부모님들도 산모의 건강과 순산만을 빌었다. 하지만 모두의 바람과 달리 그녀는 유산하고 말았다.

C는 엄청난 충격과 슬픔에 빠져 헤어나지 못했다. 그의 얼굴에는

웃음이 사라졌고, 부부 사이에 대화도 없어졌다. 그는 무기력증에 빠진 듯 아무것도 하지 않은 채 시도 때도 없이 한숨을 내쉬었다.

그의 감정은 아내에게도 영향을 미쳤다. 심리적 스트레스가 생기자 유산한 지 얼마 안 된 그녀의 몸에도 결국 이상증세가 나타났다. 의사는 회복만 잘하면 9개월 후에 다시 임신할 수 있지만, 지금 몸 상태라면 적어도 3년은 더 기다려야 한다고 말했다.

불안정한 환경 속에서 우울한 감정은 지속해서 우리를 괴롭힐 수 있다. 어떤 사람은 고통 속에서 즐거움을 찾아내고, 또 어떤 사람은 자기 손으로 삶을 파괴한다. 이 차이는 부정적인 감정을 대하는 방식에서 비롯된다.

사례 일본에서 낙농업을 하는 부부가 있었다. 그들은 나이가 들어서도 젊은 시절처럼 서로를 사랑하며 지냈다. 그러던 어느 날 아내가 당뇨 합병증을 얻어 실명하게 되었다. 그날부터 그녀는 비관적으로 변해 매일 방에만 틀어박혀 어둠 속에서 한 발짝도 나오지 않았다.

남편은 매우 낙천적인 사람이었다. 그는 절망 속에서 힘들어하는 아내를 차마 보고만 있을 수 없어 자신만의 방식으로 그녀를 다시 즐겁게 해주기로 했다. 그래서 그는 집에 온갖 꽃으로 가득한 정원을 만들었다.

비록 아내는 정원의 아름다운 꽃을 볼 수 없었지만, 집 안을 가득 채우는 진한 꽃향기가 마침내 그녀를 방문 밖으로 나오도록 만들어주었다. 남편은 그녀에게 정원에 핀 꽃을 하나하나 설명해주었고, 그녀는 꽃길에 둘러싸인 듯한 상상에 빠지며 그 달콤한 행복감에 빠져들었다. 그때부터 그녀는 매일 정원으로 나와 산책했고, 잃어버렸던 미소를 되찾았다.

우울한 기분에서 벗어나는 것이 그렇게 어려운 일만은 아니다. 아름다운 그 무엇인가를 찾고, 그걸 다른 사람과 공유하려 노력하다 보면 우울한 기분에서 한 발짝씩 벗어날 수 있다. 영국의 물리학자 윌리엄 길버트(William Gilbert)는 이런 명언을 남겼다.

'우울해하지 마라. 모든 구름에는 빛으로 반짝이는 은빛 가장자리가 있다.'

우리는 삶의 주인이 되어야 한다. 비관적이고 우울한 기분이 찾아오면 그 안에 머물기보다 서둘러 발을 빼내야 한다. 그런 부정적인 기분에 일상을 온전히 내주면 상황은 갈수록 더 악화될 것이다.

잠재의식 속에서 능력을
의심하게 만드는 병

자신감은 자신에 대한 확신이자 성공의 초석이며, 마음으로부터 우러나오는 강한 신념이다. 이런 자신감 없이 열등감에 휩싸인 사람은 무슨 일을 하든 해낼 수 없다고 생각하는 경향이 강하고, 이런 상태가 지속되면 결국 고인물이 될 수밖에 없다. 열등감 역시 미루기 습관을 만드는 중요한 요인 중 하나다.

미루는 사람들의 심리 속에는 늘 이런 생각이 담겨 있다. '이 일은 절대 해낼 수 없어', '웃음거리가 되고 싶지 않아', '너무 어려워', '내가 감당할 수 있는 일이 아니야' 등등. 자신에 대한 이런 부정적인 평가는 주어진 일을 소극적으로 대처하며 미루게 만드는 결과를 낳는다. 그들의 잠재의식 속에 실패로 말미암은 충격을 최대한 늦추거나 피하고 싶은 심리가 작용하기 때문이다. 사실 열등감을 가진 사람들이 자신의 분야에서 성공하는 것은 불가능하다. 그들은 항상 자신에게 한계를 두기 때문이다. 즉 자신이 정해진 시간 안에 일을 해낼 수 없다고 여기고, 더 큰 목표나 경쟁에 도전하기를 두려워한다. 그들은 다른 사람의 성공을 부러워하면서도 좌절 앞에서 쉽게 헤어나지 못한다. 반대로 자신감이 넘치는 사람들은 적극적으로 일을 추진하고, 좌절 앞에서도 해답을 찾기 위해 노력한다. 결국 미루기 습관을 고치기 위한 첫걸음은 바로 자신에 대한 의심을 깨는 일부터 해야 한다.

사례 　 메리라는 여자아이가 있었다. 그녀는 어릴 때부터 자신이 남들에게 사랑받을 만큼 예쁘지 않다고 느꼈다. 그런 열등감 때문에 그녀는 길을 걸을 때도 다른 사람이 자신의 못생긴 얼굴을 보는 게 싫어서 늘 고개를 숙이고 다녔다.

어느 날 그녀는 한 상점에서 예쁜 리본을 보고 얼른 사 머리에 꽂아 보았다. 상점 주인은 그녀에게 리본을 다니 훨씬 더 예뻐 보인다고 칭찬해주었다. 솔직히 메리는 그 말이 곧이곧대로 들리지 않았다.

'고작 리본 하나 달았다고 그렇게까지 예뻐 보이겠어?'

딱히 믿음은 가지 않았지만, 리본을 산 돈이 아까워서라도 일단 그의 말을 확인해보고 싶어졌다. 그날부터 그녀는 고개를 들고 걸어 다니며 다른 사람들도 정말 그렇게 생각하는지 시험을 해보았다.

다음 날 그녀는 리본을 달고 집을 나섰고, 지각하지 않기 위해 빨리 걷다가 그만 마주 오던 사람과 부딪히고 말았다. 그녀는 서둘러 사과한 후 학교에 늦지 않기 위해 정신없이 달려갔다.

그녀가 교문에 들어서자마자 그녀를 본 선생님이 깜짝 놀란 표정으로 물었다.

"메리, 오늘 정말 예쁘구나. 매일 땅만 보고 다녀서 그 예쁜 얼굴을 볼 수가 없었잖니."

선생님의 칭찬을 듣고 그녀는 좀 더 자신감을 얻었다. 잠시 후 그녀가 교실로 들어서자 반 친구들의 관심이 그녀에게 쏠렸다. 그들의 눈에 비친 메리는 완전히 다른 사람이었는데, 다들 그녀에게 한 마디씩 칭찬하며 관심을 보였다.

그녀는 리본 덕에 자신이 그런 관심과 칭찬을 받은 거라고 생각했다. 그런데 거울을 보는 순간 그녀는 충격에 빠지고 말았다. 그녀의 머리에 있어야 할 리본이 보이지 않았기 때문이다. 생각해보니 그 리본은 학교에 오기 전에 한 행인과 부딪혔을 때 떨어진 것이 분명했다.

그 후 세월이 흘러 메리는 미국 HBO TV의 유명한 아나운서가 되었다.

이처럼 열등감은 자신을 객관적으로 평가하는 데 방해가 된다. 일단 열등감에 사로잡히면 자신이 직면한 시련에 대한 냉정한 분석, 이해득실의 평가를 정확히 내릴 수 없다. 또한 자신에 대한 타인의 기대와 평가를 외면하게 된다.

자신을 쓸모없는 존재라고 생각하면 자신감을 잃고, 원래 잘할 수 있는 일조차 쉬이 포기하게 된다. 일어나지 말아야 할 많은 비극을 스스로 만들어내는 셈이다. 자신을 존중하고 귀하게 여기지 않으면 타인의 존중 역시 기대하기 힘들다.

사례　W는 중학교를 졸업한 후 학업을 포기한 채 집에서 농사 일을 도왔고, 농한기에는 외지로 나가 아르바이트를 했다. 세월이 흘러 그는 농사일에 베테랑이 되었다. 하지만 그는 많이 배우지 못한 것에 대한 열등감 때문에 사람들과 제대로 소통하지 못했고, 그러다 보니 작물을 재배하고도 판로를 찾는 데 애를 먹었다.

한번은 그가 한 건물에 있는 사무실에 볼일이 있어 찾아갔다. 때마침 그가 찾는 사람이 부재중이라 다른 직원이 그를 소파로 안내해주었다. 그는 흙투성이인 자신의 옷과 신발 때문에 소파가 더러워질까 봐 지레 걱정했다. 게다가 자신의 옷차림과 달리 그곳 직원들은 전부 양복 차림인 것도 마음에 걸렸다. 그는 누가 뭐라고 하는 것도 아닌데 혼자 눈치를 봤다. 결국 그는 건물 밖 벤치에 앉아 사람을 기다리기로 했다.

때마침 지나가던 이 건물의 지하 식당 관리자가 벤치에 앉아 있는 그를 보고 알은체했다. 알고 보니 그 관리자는 그의 초등학교 동창이었다. 동창은 반가운 마음에 지하 식당에 가서 식사나 하고 가라며 그를 잡아끌었다.

식사하는 동안 동창이 그에게 무심코 한 가지 고민을 이야기했다.

"요즘 식당에 매일 들여오는 채소 품질이 갈수록 형편없어져서 걱정이야. 며칠 전에는 그 채소를 먹고 탈이 난 사람까지 생겼다니까. 그래서 조만간 납품업체를 바꿀 생각이야."

동창은 그가 재배한 채소 작물의 품질이 좋다는 것을 알고 있었기에 그에게도 한번 납품을 해보라고 제안했다. 그는 별로 내키지 않았으나 친구의 부탁이라 어쩔 수 없이 수락했다. 그가 납품한 채소는 품질도 최고였는데, 무엇보다 그의 성실함이 최고의 장점이었다. 그는 비가 오나 눈이 오나 늘 한결같이 정시에 식당으로 채소를 배달했다.

그렇게 몇 년이 흘렀다. 그는 자신의 근면과 성실을 바탕으로 농장 규모를 확장했을 뿐만 아니라 현지에서 가장 유명한 채소 공급업체 대표가 되었다.

위 사례로도 알 수 있듯이 사람은 누구나 남들보다 뛰어난 점을 가지고 있게 마련이다. 설령 부족한 면이 있더라도 열등감을 느끼기보다 자신의 장점을 발견하고, 그것을 발전시켜 특화한다면 자신의 가치를 높이는 데 도움 될 수 있다.

미국의 호텔왕 콘래드 힐튼(Conrad Hilton)은 말했다.

"아무리 뛰어난 재능을 지닌 사람도 자신을 과소평가하면 재능을 펼치지 못합니다."

우리는 열등감을 가질 필요가 없다. 설령 다른 사람과 비교했을 때 어떤 면에서 다소 부족한 면이 있을지라도 그것을 극복한다면 자신만의 장점을 발휘할 수 있다. 그런데 굳이 결점만을 생각하며 자기연민에 빠질 이유가 뭐 있을까?

주어진 일에만 머무는 고인물

　누구의 주의나 재촉 없이도 자기 일을 잘 마무리하는 것은 성공을 가능하게 하는 가장 근본적인 조건이다. 시켜서 하는 것이 아니라, 그 일을 위해 기꺼이 모든 것을 바치겠다는 마음이 필요하다. 즉, 아무리 재미없는 일이라도 프로의 마인드로 '내가 원해서 꼭 해내고 싶은 일'처럼 해내야 좋은 결과를 얻을 수 있다.

　'적극적, 능동적'인 태도는 프로의식이 높은 편인 사람들의 전체 작업 과정을 관통한다. 이런 프로의식 덕에 그들의 업무 능력은 하루하루 업그레이드되고, 업무 실적 역시 눈에 띄게 좋아진다. 사상적인 면에서의 적극성은 주로 다음 몇 가지 방면으로 나타난다.

　적극적으로 자기 일을 익히는 것은 그 일을 잘 마무리 짓기 위한 전제조건이다. 하지만 그 외에도 회사의 다른 업무, 예를 들어 마케팅 방식, 경영 방침, 근무 태도, 사명, 조직 구조, 목표 등을 잘 알아두는 것도 필요하다. 이런 것들은 업무 처리 과정에서 더 정확하고 효율적인 판단을 하는 데 도움을 줄 수 있다.

일을 기다리지 말고 적극적으로 찾아서 해야 한다. 일을 기다리는 데 익숙해지면 적극적인 마인드가 약해지고, 업무의 효율성이 떨어진다. 심지어 때로는 자기가 하고 싶은 일만 하고, 하기 싫은 일은 미루거나 대충 넘어갈 수 있다. '앉아서 지시만 기다리는' 건 자신의 잠재 능력을 감옥 안에 가두는 것과 같으므로 누구나 다 아는 평범한 결과밖에 나올 수 없다.

일할 때는 자기 능력을 최대한 발휘해 최대치의 결과물을 끌어내고, 일이 없을 때도 시간을 낭비하기보다 주도적으로 자신을 위해 일을 찾는 노력이 필요하다. 그래야 자신의 부족한 점을 보완하고, 업무 능력을 키울 수 있다.

사례　B는 호텔에서 일했고, 업무도 그리 힘들지 않았다. 사장이 시키는 일은 대부분 빨리 끝낼 수 있는 것들이었다. 어느 날 사장이 그에게 고객의 쇼핑 금액을 정산해놓으라고 지시했다. 그는 서둘러 그 일을 마무리 지은 후 옆에 있는 동료와 수다를 떨었는데, 이때 사장이 지나가면서 주위를 힐끔 본 후 그에게 눈치를 줬다. 그러고는 사장은 솔선수범하여 고객이 주문한 상품들을 쇼핑 봉투에 넣은 후 안내 데스크와 쇼핑카트를 깨끗이 정리했다.

그 일은 그에게 큰 깨우침을 주었다. 일에 대한 자부심을 가지려면 설령 사장이 시키지 않아도 앞장서서 처리하고, 하나라도 더 배우려는 자세가 필요했다. 그날 이후 그는 스스로 일을 찾아서 했고, 그 과정에서 더 많은 것을 배우며 업무 능력을 키워나갔다. 그렇게 시간이 흘러 그는 호텔 부사장 자리까지 올라갈 수 있었다.

적극적이고 능동적인 업무 태도는 미루기병으로부터 멀어지는 가장 효과적인 방법이다. 이런 태도를 보이기 위해서는 한 가지 일에만 국한되지 않는 사고방식과 행동 습관을 만들 필요가 있다. 매 순간 적극적인 면을 드러내야 기회를 잡고 성공의 종착점에 도달할 수 있다.

내일이 영원할 거라고 믿는 시간관념

영화 상영 시간보다 5분 늦게 도착한다면 당신은 아주 멋진 오프닝 대사를 놓치게 될지도 모른다. 시간은 당신을 위해 기다려주지 않고, 당신은 그 놓친 시간을 되돌릴 수 없다. 오늘 처리해야 할 일이 있는데 친구와 쇼핑하느라 그 일을 내일로 미루면 어떤 일이 벌어질까? 당신은 결국 시간과의 경쟁에서 뒤처질 것이다. 시간은 당신을 위해 걸음을 멈추지 않기 때문이다.

사실 우리는 자신의 주관적인 시간관념에 속아 시간이 항상 그 자리에 머물러 있다고 착각한다. 내일은 지금의 시간이 아니듯이 우리는 지금 자신이 미루고 있는 시간에 주목해야 한다.

철학자와 과학자의 관점에 기반해 우리는 시간을 주관적 시간과 객관적 시간으로 나누고 있고, 이 부분에 대한 본질적인 의견 일치는 아직 존재하지 않는다.

아리스토텔레스는 시간에 관해 이런 의문을 제기했다.

'시간의 숫자를 계산하는 사람이 없다면 시간이 과연 존재할까? 아니면 그것과 별도로 시간은 독립적으로 존재하는 걸까?'

과학자 뉴턴은, 시간은 절대적이어서 숫자를 사용하여 계산하든 안 하든 언제 어디서나 존재한다고 믿었다. 칸트 역시 우리가 시간을 직접 인지할 수 없지만, 경험을 통해 그것을 인지할 수 있다고 했다. 그러나 아인슈타인은 과거, 현재와 미래는 전부 인간이 만든 허상이라고 여겼다. 이것이 바로 과학자와 철학자 사이에 벌어진 시간에 대한 논쟁이다. 이 오랜 논쟁에서 구체적인 답을 얻기까지 아주 기나긴 과정이 필요할 것이다.

어쨌든 아인슈타인이 제시한 '시간은 허상이다'라는 개념은 미루기 습관을 합리화하기에 딱 좋은 말이기도 하다. 미루기를 좋아하는 사람들은 일을 시작하면 한껏 여유를 부리다가 더는 일을 미룰 수 없을 때가 되어서야 시간이 너무 빨리 지나간다고 느끼며 허둥댄다. 그렇지만 시간이 허상이든 아니든 우리는 시간의 걸음을 멈출 방도가 없고, 마감 기한 역시 결국 오게 되어 있다.

사례 학교에서 학생들이 운동을 하고 있었다. 그들은 농구, 축구, 달리기 등 다양한 체육 활동을 즐기느라 여념이 없었다. 하지만 J는 운동장에서 멀리 떨어진 나무 그늘에 앉아 책 읽기에 몰두하고 있었다.

사실 그는 공부와 담을 쌓고 지내던 학생이었다. 그는 게임에 빠져 공부를 늘 등한시했고, 선생님조차 두 손 두 발 다 들 정도로 학교생활이 엉망이었다. 그러다 보니 친구들과의 사이도 점점 멀어졌다. 집에 돌아가도 상황은 크게 다르지 않았다. 그의 부모님 역시 그를 쓸모없는 존재로 여기며 모든 행동에 질책의 토를 달았다. 특히 그의 아버지는 석 달 후에도 성적이 오르지 않으면 당장 감옥 같은 기숙사 학교로 전학시키겠노라 엄포를 놓았다.

친구들과 부모님의 차가운 시선과 무시를 받으며 그는 비참하고 속상한 시간을 보내야 했고, 여봐란듯이 성적을 올려 자존감을 회복하고야 말겠다고 결심했다.

그날 이후 그는 습관을 바꾸고 더는 게임에 시간을 낭비하지 않았다. 그는 학교생활에 충실하며 친구들이 자는 시간에도 공부에 몰두했고, 밤낮없이 공부에 매달린 결과 기말고사에서 1등의 성적을 거둘 수 있었다.

J의 이야기를 통해 시간은 우리에게 귀한 선물도 안겨줄 수 있다는 것을 알았다. 시간은 한 사람을 더 똑똑하고, 아름답고, 성숙하게 만들어주는 힘을 가지고 있다. 시간이 사람을 기다려주지 않는 것보다 더 두려운 사실은 시간을 어떻게 이용하는지 모르는 것이다.

시간은 매사에 잘 이용해야 한다. 한순간의 성공에 취해 시간을 허비하고 내버려둬서는 안 된다. 시간을 늘 마음속에 새겨두어야만 효율을 최대치로 끌어내는 사람이 될 수 있다.

사실 시간이 흘러가는 것에 대해서 사람마다 느끼는 강도가 다르고, 시간을 대하는 태도 역시 다르다. 바쁜 사람은 시간이 너무 빨리 흘러간다고 원망하고, 무료한 사람은 시간이 너무 늦게 지나간다고 불평한다. 이것이 바로 사람들이 느끼는 '주관적 시간'이자 시계 밖에 존재하는 시간에 대한 경험이다.

그렇다면 우리는 주관적 시간과 절대불변의 시계 속 시간을 어떻게 하면 완벽히 결합할 수 있을까? 이것이 지금 우리가 직면한 중대한 과제다. 시간관념에 엄격한 잣대를 가져다 대는 사람은 객관적 시간에 편중된 편이다. 그러나 미루기를 좋아하는 사람은 주관적 시간에 빠져들어 시계 속 시간을 외면하고, 시간이 지날수록 객관적인 시간으로 돌아가기를 꺼린다. 결국 해야 할 일은 점점 더 누적되고, 미루는 시간이 길어질수록 일을 기한 내에 마무리할 가능성은 점점 작아진다. 지금 우리가 해야 할 일은 자신의 주관적 시간과 시계 속 객관적 시간을 하나로 결합하는 것이다. 그래야 타협과 미루기 속에 들여놓았던 발을 얼른 빼내 신뢰를 지킬 수 있다.

미루기를 좋아하는 사람은 대부분 다음과 같은 문제에 직면한다. 그들은 자신의 주관적 시간과 객관적 시간이 충돌하더라도 양자 사이에 큰 차이가 나지 않기를 바란다. 심지어 퇴근 시간이 다 되어가는데도 그들은 퇴근 시간까지 아직 몇 시간이 더 남아 있으니 일을 서둘러 마칠 필요가 없다고 여긴다. 시간이 지날수록 이런 마음은 습관이 되고, 끝까지 일을 미루면서 마지막 순간까지 어떻게든 끝낼 기회가 있을 거라며 요행을 바란다. 그래서 그들은 마감 시한이 되기 전까지 시곗바늘이 계속 움직이고 있는 것에 대해 전혀 조급함을 느끼지 못한다. 이때 그들에게 시계는 장식일 뿐이고, 지금 몇 시인지는 전혀 중요하지 않다. 그들은 늘 마지노선까지 한참이 남았다고 생각하기 때문이다.

우리는 시간에 대해 자신만의 독특한 생각, 즉 자신만의 시간관념을 가지고 있다. 시간관념에 따라 행동 습관이 크게 달라지고, 이 때문에 갈등이 빚어지기 쉽다. 예컨대 아내가 남편한테 이렇게 물었다고 가정해보자.

"축구 경기할 때는 칼같이 정확하게 시간 맞춰 들어오면서 왜 나랑 영화 보러 갈 때는 맨날 늦는 건데?"

그러면 남편은 이렇게 대답할지 모른다.

"영화가 시작도 하기 전에 당신이 먼저 도착한 거지. 내가 도착했을 때 영화가 딱 맞춰 시작했는데 뭐가 늦었다는 거야?"

이것이 바로 시간관념이 달라서 빚어지는 갈등이다.

시간관념이 다른 사람끼리는 시간 문제를 두고 갈등이 일어나기 쉽다. 예를 들어 친구와 함께 내일 등산 갈 시간을 정한 후, 한 명은 교통 체증을 고려해 30분 일찍 출발하자고 하고, 또 한 명은 러시아워를 피해 좀 늦게 출발하는 편이 좋을 거 같다고 말할 수 있다. 그래서 둘 사이에는 시간약속을 정하는 일조차 쉽지 않은 결정이다.

성격이 급한 사람은 미루는 사람의 시간관념을 쉽게 받아들이지 못한다. 이것은 두 종류의 사람이 가진 시계 속 시간의 차이가 너무 크기 때문이다. 그래서 우리는 둘 사이의 거리를 좁혀 서로의 시간관념을 이해할 수 있도록 만들고, 이를 통해 두 개의 시계가 같은 시간으로 흘러가도록 만들어야 한다.

미국의 심리학자이자 사회학자인 짐바르도(Philip George Zimbardo)는 시간에 대한 인식의 차이를 포괄적으로 연구한 후 한 가지 결론을 내렸다.

'과거, 현재, 미래 중 어느 시간 영역을 더 중요하게 여기느냐에 따라 개인의 가치관과 행동이 결정된다.'

과거, 현재, 미래 중 어떤 시간관에 편중하느냐에 따라 행동이 그 영향을 받는다. 반면에 이 세 가지 시간의 좌표를 참조해 균형을 유지한다면 사회의 발전 속도에 맞춰 삶을 충분히 즐길 수 있다. 이처럼 시간을 보는 마음의 눈은 개인의 생각과 감정과 행동을 포함한 우리 삶에 영향을 미칠 수 있다.

CHAPTER 5

미루기병의 근원 :
모든 병의 원인은 내 안에 있다

미루기를 부르는 우유부단함

우리는 살아가면서 종종 딜레마에 부딪힌다. 특히 넘쳐나는 정보로 혼란스러운 현대 사회에서 올바른 선택을 한다는 것은 탁월한 판단력을 요구하는 만큼 결코 쉬운 일이 아니다. 그래서 어떤 사람들은 잘못된 결정을 내릴까 봐 두려워 결정 자체를 주저하고 실행으로 옮기지 못하기도 한다.

'물고기와 곰 발바닥은 모두 내가 좋아하는 것이다. 하지만 물고기와 곰 발바닥을 동시에 손에 넣을 수 없다면 나는 물고기를 버리고 곰 발바닥을 택하겠다.'

이 말처럼 성공을 거두려면 기회가 왔을 때 그것을 잡고, 과감한 선택 과정을 거쳐 즉시 행동으로 옮겨야 한다.

아르바이트를 구할 때 업무 환경은 물론 수당도 괜찮은 곳에서 때마침 채용공고가 났다고 가정해보자. 이때 당신은 그곳보다 더 좋은 조건의 아르바이트 자리를 더 알아볼 수 있다. 하지만 당신이 쉽게 결정하지 못하는 사이에 다른 누군가가 그 기회를 잡아 갈 수 있다. 같은 맥락으로, 고객과 계약 성사 직전까지 간 상태에서 세부적인 조건에 발목이 잡혀 주저한다면 결국 빈틈을 노리던 다른 회사가 그 계약을 낚아채 갈지도 모른다. 옷가게에서 꽤 마음에 드는 옷 마지막 한 벌을 발견했지만, 더 괜찮은 옷이 있을까 싶어 다른 매장을 기웃거린다면 그사이 누군가에게 그 옷을 빼앗길 수도 있다.

이런 기회는 늘 우리 앞에서 쓱 등장하지만, 대개 우리는 그것이 기회인지 알아채지 못한다. 그러다 보니 많은 경우 결정하지 못한 채 주저하다가 기회를 날려버리기 일쑤다.

다음은 내 친구 C가 부서의 팀장으로 승진한 이야기다.

사례 분기 결산을 앞둔 가운데 부장은 처리해야 할 업무가 너무 많아 정신을 차릴 수 없을 지경이었다. 부장은 마감 시한까지 혼자 일을 마무리할 수 없을 거라 판단하고 부서 직원들에게 물었다.

"누가 나를 도와서 재무제표를 좀 만들어줄 수 있을까요?"

바로 그때 C가 주저 없이 나섰다.

"제가 하겠습니다!"

그러자 여기저기서 손을 들었다. 적극적인 그 때문에 다른 직원들도 나설 수밖에 없었던 것이다.

"저도 하겠습니다."

"다들 고맙지만 한 사람이면 충분할 거 같아요."

두 달 후 인사이동이 이루어졌는데, 그는 여봐란듯이 팀장으로 발탁되었다.

 이것이 바로 현실이다. 능력만으로는 부족하다. 그 능력 발휘를 위해 기회를 잡을 줄도 알아야 한다. 기회 앞에서 머뭇거리는 사람은 결국 발전의 가능성마저 박탈당하게 된다.
 기회가 왔다고 해도 우리에게 그 일을 감당할 능력이 되지 않으면 기회를 잡지 않았다고 해서 후회하는 일은 없을 것이다. 하지만 능력을 충분히 갖추고 있다면 이야기는 달라진다. 능력을 드러낼 좋을 기회라는 것을 알면서도 망설이다 놓쳤다면 엄청난 후회와 자괴감에 빠질 수밖에 없다. 그러므로 기회가 왔을 때 능력이 되든 안 되든 무조건 발 빠르게 잡는 것이 상책이다.

 사례 애플 연구개발팀의 임원이던 L은 자신의 팀에 돌이킬 수 없을 만큼 심각한 문제가 있음을 알아챘다. 그는 자신의 체면을 위해 이 일을 덮고 갈 것인지, 아니면 팀을 새롭게 재편할 것인지를 두고 고민에 빠졌다. 얼마 뒤 그는 팀을 해체하고 조직을 재편하기로 과감히 결단했다. 새롭게 구성된 팀은 그를 중심으로 개발 임무를 완수했고, 회사 역시 그의 결단에 찬사를 보냈다. 그는 마이크로소프트에서 자기 생각과 의견을 자유롭게 표현할 수 없다는 사실을 깨달았을 때도 주저 없이 구글로 이직하여 자신의 영향력을 확대해 나아갔다. 그 후 그는 자신의 회사를 설립해 업계 안팎으로 명성을 얻고 놀라울 만한 성과를 거두었다.

일을 미루지 않는다면 기회를 잡고 성과를 낼뿐더러 위기상황도 해결할 수 있다. L은 과감히 팀을 해체한 덕분에 쓸데없는 비용 지출을 막고, 더불어 회사의 추가 손실을 막을 수 있었다. 무엇보다 이 일을 계기로 L 자신의 능력을 인정받고, 한 단계 더 도약할 수 있었다.

우유부단하게 행동하는 것은 모든 일의 추진력을 저하하는 걸림돌이 된다. 그로 말미암아 기회는 사라져버린다. 미루지 않고 과감히 행동할 때 기회를 놓치지 않을뿐더러 더 빛나는 성과를 만들어낼 수 있다. 간혹 결단력이 독단으로 변할 수 있다고 여기는 사람들도 있지만, 사실 전혀 그렇지 않다. 결단력은 신속하게 어떤 일의 장단점을 가늠해보고, 그에 따라 최선의 길로 나아가는 힘이다.

우리는 매 순간 선택의 갈림길에서 기회와 마주한다. 설령 잘못된 선택을 할지라도 과감히 실행하는 게 주저함으로써 기회를 놓치는 것보다 낫다. 잘못된 선택은 바로 잡으면 되지만 한 번 놓친 기회는 다시 돌아오지 않기 때문이다. 동서고금을 막론하고 위대한 업적을 이룬 인물 중 우유부단한 사람이 있다는 이야기는 들어본 적 없다. 그들은 실력과 결단력, 추진력으로 성공할 수 있었다.

패기 넘치던 젊은이를
'노인'으로 만드는 무기력 증후군

갓 입사한 젊은이들은 특유의 패기로 무장하여 무슨 일을 하더라도 의욕이 넘쳐난다. 하지만 일부 직장 시니어가 보기에 그 패기는 3분짜리 열정에 불과하다. 직장 시니어들은 신입 사원에게 이렇게 말한다.

"나도 자네 같았지. 근데 몇 년 지나면 그런 열정도 다 사라져."

이 젊은 신입 직원들 역시 세월이 흘러 시니어가 되면 예전의 시니어들이 했던 말이 사실임을 깨닫는다.

실제로 많은 직장인이 성실했던 신입 시절을 거쳐 직장생활에 익숙해지다 보면 안일해지고 요령을 피우며 미루는 습관에 물들기 시작한다. 그렇게 그들의 열정과 패기가 변질되고, 그들 역시 그렇고 그런 직장인으로 전락해버린다. 나의 대학 동창 C 역시 그랬다.

사례 C는 대학을 졸업하자마자 원하던 회사에 취직했다. 당시 그는 자신이 회사의 발전에 기여할 거라고 확신하며 의욕을 불태웠다. 입사한 후 자신이 직접 만든 디자인 기획안이 채택되자 그의 자부심은 하늘을 찔렀다. 그 후 그는 어떤 일을 맡든 휴일까지 반납해가며 가장 먼저 업무를 끝냈다. 그렇지만 지금 그에게서 그때의 모습은 사라진 지 오래다. 그는 아무리 촉박한 일정의 프로젝트라도 바로 착수하기보다 미룰 수 있을 때까지 미루는 습성에 빠져 있다.

언젠가 동창 모임에서 그의 말을 시작으로 푸념이 쏟아졌다.

"지금은 모든 일이 잘 풀리고 있는데도 예전 학교 다닐 때 느꼈던 그런 감정이 안 생겨. 우리가 대학 다닐 때는 얼마나 열정이 넘쳤냐? 기억나? 우리 길거리에 좌판 깔고 사과 팔기도 했잖아. 물론 판 것보다 먹은 게 더 많았지만, 그때는 정말 모든 게 즐거웠지."

다른 친구들도 그의 말에 공감하며 자신들의 마음가짐이 예전 같지 않은 것에 한숨을 내쉬었다.

"처음 입사할 때만 해도 세상을 바꾸겠다고 열정을 불태웠지. 근데 몇 년 지나고 나니까 세상이 나를 바꿔버렸어."

"지금은 급한 일만 먼저 처리하고, 급하지 않은 일은 되도록 미루는 게 습관이 돼버렸어. 그렇게 해도 결국 어떻게든 다 되더라고. 근데 그렇게 하다 보니까 내가 점점 무기력해지는 거 같아."

우리 주위에는 위와 같은 생각을 하는 사람이 적지 않다. 그들은 나이가 들수록 삶과 일을 막론하고 점차 열정을 잃어가며 일을 계속 미루고, 심지어 사고하는 것조차 귀찮아한다. 이런 상태가 계속되면 누구라도 안일하고 무기력해진다.

이런 상황과 마주하면 누구든 자신의 모습에 좌절하게 마련이다. 이제 갓 입사한 젊은이들의 패기를 보면 자꾸 비교되고, 시대에 뒤처지는 듯한 자기 모습이 부끄럽기까지 하니 말이다. 그럴 때면 누구나 예전의 패기 넘치던 자신이 어디로 간 것인지 되물으며 세월을 탓하기도 한다.

입사 초기 때의 그 패기는 왜 사라진 걸까? 답은 바로 미루기에 있다. 학창 시절에 우리는 입시만을 바라보며 공부에 매달렸다. 학업과 입시 경쟁 속에서 일분일초를 다투며 공부를 해야 했다. 대학에 가서도 원하는 곳에 취직하기 위해 긴장의 고삐를 늦추지 않은 채 치열한 경쟁을 치렀다.

하지만 대학을 졸업한 후 사회에 발을 들여놓는 순간부터 고삐가 서서히 풀리기 시작한다. 직장에서 스스로 자기 삶을 계획하고 통제하다 보면 익숙해진 환경 속에서 긴장감이 사라지고, 안주하고 싶은 심리가 생겨난다. 그런 심리는 긴박하게 일을 처리해야 한다는 생각보다 자꾸 미루도록 부추긴다. 이런 습관의 악순환이 무기력 증후군을 만든다.

무기력감은 모든 일에 의욕이 없고 호기심은 물론 설레는 기분조차 생기지 않는 감정 상태다. 무기력감에 빠지면 세상에 급할 일이 없어지고, 해야 할 일을 미룰 수 있을 때까지 미루며 회피한다.

무기력증에 빠진 직장인은 동료들에게 민폐를 끼칠뿐더러 결국 회사에도 큰 손실을 입힌다. 그들은 문제를 피하고, 도전을 꺼리며, 현실에 안주하기 때문에 회사의 발전에 걸림돌이 될 수밖에 없다.

무기력 증후군을 탈피하는 방법은 딱 하나뿐이다. 즉시 미루기 습관에서 벗어나 스스로 주체가 되어 도전하는 삶을 살고, 그 안에서 활력을 찾아야 한다.

미루기가 주는 안도와 쾌감에
숨어 현실을 회피하려는 심리

투지를 발휘하려면 적당한 압박감이 필요하고, 이런 압박을 가했을 때 잠재력을 끌어낼 수 있다. 하지만 당신이 미루기병에 걸린 사람이라면 이것을 미루기의 핑계로 삼아서는 안 된다. 예를 들어 마감까지 단 몇 시간을 남긴 상태에서 야근해야 긴장감이 증폭되면서 정신집중이 잘되고, 일의 효율이 높아진다는 식의 핑계다. 당신은 이것이 아주 긍정적인 자극이라고 여길지 모르지만, 그렇게 마무리한 일의 결과가 만족스러울 수 있을까? 무엇보다 만에 하나 돌발 상황이 벌어지기라도 한다면 과연 마감 시한까지 일을 마무리할 수 있을까?

미국 델라웨어대학교의 심리학과 연구진은 미루기의 심리적 원인을 분석하며 '자극 추구'라는 새로운 용어를 제시했다. 연구진은 연구를 통해 미루기로 '열등적 쾌락'을 즐기는 사람이 존재한다고 말했다. 강도 높은 압박감 속에서 일하기를 좋아하는 사람들은 아드레날린이

상승할 때마다 자극과 흥분을 느끼게 된다. 하지만 문제는 그들이 일을 제대로 마무리하지 못한다는 데 있다.

사실 미루기를 좋아하는 사람들을 지배하는 감정은 얼마 남지 않은 시간에 대한 불안, 초조감이다. 그리고 그들은 자신의 내재된 잠재력을 끄집어내기보다 단지 해야 할 일을 서둘러 대충 끝내야 한다는 강박관념에 시달리게 된다.

사례 내가 아는 선배 하나가 회사를 차렸다. 비록 작은 규모의 회사였지만 업무량이 많다 보니 그는 휴일에도 제대로 쉴 수 없을 만큼 일에 매달려야 했다. 그가 내게 고충을 털어놓은 적이 있었다. 사실 사업 쪽으로는 나 역시 문외한이라 딱히 도와줄 게 없었지만, 고민을 쭉 듣다 보니 그의 시간관리에 심각한 문제가 있어 보였다. 나는 오거스틴 오그 만디노(Augustin Og Mandino)가 쓴 《세상에서 가장 위대한 세일즈맨》을 한번 읽어보라고 권해주었다. 책의 분량도 적고 내용도 어렵지 않아 읽는 데 많은 시간을 할애할 필요도 없고, 책 속 시간관리 방법을 적용해보면 시간을 훨씬 여유롭게 쓸 수 있을 거 같았다.

두 달 후 내 예상은 적중했다. 다시 만난 선배는 회사 일이 여전히 많지만, 시간 계획에 맞춰 하나하나 해나가다 보니 예전과 달리 마음의 여유를 찾았다고 했다.

"지금은 일 때문에 야근하는 일이 없어졌어. 매주 50~55시간을 일하는 시간으로 할당하고 거기에 맞춰 일하니까 야근을 하거나 남은 일을 집으로 가져갈 필요가 없어지더라고. 일을 미루지 않고 정해진 계획대로 진행하니까 예전과 똑같은 일을 하는데도 한 시간이나 여유가 생겼어. 매일 업무 계획을 세우고 '지금 할 일은 지금 당장 처리하기'라는 원칙을 지켜나간 게 나한테 아주 큰 도움이 되었지. 지금은 일의 중요도에 따라 업무 처리 순서를 정해가며 일하는 습관을 들이는 중이야. 예전에는 중요한 일을 시간이 날 때까지 미뤄뒀다가 처리하곤 했거든. 그러다 보니 부차적인 일을 처리하느라 내 시간의 전부를 쓰고 있었던 거지. 지금 그런 일은 마지막으로 미뤄두고 중요한 것부터 처리하고 있어. 이렇게 시간을 계획적으로 활용하니까 제시간에 퇴근하는 일상을 되찾았고, 불안감도 생기지 않더라고."

선배의 시간관리 방법은 즉각적으로 처리하고 미루지 않는 원칙을 지켜 시간을 절약하는 것이었다.

인간은 완벽하지 않은 존재이기에 누구나 단점을 가지고 있다. 성공한 사람의 성공 비결은 바로 그들이 자신의 단점을 극복했기 때문이다. 평범한 사람들은 그걸 하지 못했기 때문에 성공하지 못한 것이다. 이는 곧 다양한 습관을 바꾸는 것은 결코 쉬운 일이 아니라는 말이다. 이런 습관 중 하나가 바로 미루기다. 평소 미루는 습관이 나쁜 결과를 초래하는 사례는 아주 많다. 미루기 습관 때문에 야근을 해야 했고, 시간에 쫓기는 와중에 획기적인 아이디어가 떠올라 기획안을 작성했다. 그런데 다음 날 그 완벽한 기획안을 제출했을 때 상사로부터 인정을 받기는커녕 다시 작성해 오라는 청천벽력 같은 소리를 듣게 되고……. 월요일 아침에 늦잠을 자는 바람에 서둘러 출근했는데, 회사에 도착한 순간 중요한 서류를 집에 두고 온 사실을 깨닫게 되고……. 이런 식의 반복 속에서 과연 무엇을 잃을까? 그것은 바로 귀중한 시간이다!

이런 가정을 해보자. 매일 아침 한 시간 일찍 일어나 하루 일과를 체크하고 아침 운동과 식사를 마친 후 활기찬 마음으로 출근한다면 평소 어렵게 생각했던 일도 훨씬 수월하게 할 수 있다. 집중력이 높아져 정해진 시간 안에 계획대로 일을 마치게 되니 시간을 낭비할 필요도 없고, 상사와 동료의 신뢰도 쌓여간다. 이런 삶은 시간에 쫓기듯 엉망진창으로 생활하던 때와 비교도 되지 않을 만큼 질이 높다.

미루기 습관의 문제점은 그로 말미암아 골치 아픈 결과를 초래한다는 데 있다. 학업 성적, 입시, 승진뿐 아니라 삶을 불행하게 만들 수도 있다. 이로부터 파생되는 시간 낭비는 인생을 의미 없이 소모하는 것과 다르지 않다. 똑같은 일을 맡겼을 때 미루는 습관을 지닌 사람이 즉각적으로 행동하는 사람보다 낭비하는 시간이 훨씬 더 많다. 사실 미루기 습관이 그리 큰 문제가 아닌 것처럼 보일 수도 있다. 하지만 그것을 제때 고치지 않으면 인생 전반에 직접적인 영향을 미칠 수 있다.

한 아버지가 그의 아이에게 말했다.

"앞으로 무슨 일을 하든 최선을 다해서 성실하게 노력하는 사람이 되도록 하렴. 네가 그렇게 산다면 네 미래를 걱정할 필요가 없을 거란다. 세상에는 어딜 가나 제멋대로 행동하고, 무슨 일이든 대충하고 넘기는 사람들이 존재하지. 무슨 일이든 최선을 다해 끝까지 유종의 미를 거두는 사람은 그리 많지 않단다. 그래서 성실한 사람들은 어딜 가든 환영을 받을 수밖에 없고, 경쟁에서 살아남게 되는 거란다."

이 아버지의 말처럼 한 사람의 성공은 그가 무엇을 하느냐가 아니라, 그것을 최선을 다해 가장 잘해내느냐에 달려 있다. 성공은 그 사람의 뛰어난 자질과 연관되어 있기 때문이다. 일상생활에서 매 순간 자신에게 더 높은 기준을 요구하고, 남들보다 먼저 시작할 때 비로소 더 많은 시간을 벌고 앞서 나아갈 수 있다.

미루기를 통해 안도와 쾌감을 얻고자 하는 사람이라면 '무슨 일을 하는 지름길은 없다'라는 말을 명심하자. 본분을 지키며 성실하게 일하는 사람들처럼 출근하면 바로 일을 시작해 그날의 일을 마무리하고, 퇴근 후에는 자신의 일상을 온전히 즐겨보자. 이런 태도가 자칫 무미건조하게 보일 수도 있으나 진정한 행복은 바로 이런 일상 안에 숨어 있다. 이런 습관이 오래도록 이어지다 보면 당신의 능력도 확연히 향상될 것이다.

누구도 예측할 수 없는 미래와 실패에 대한 두려움

누구나 꿈과 목표를 품고 그에 맞는 방향으로 자기 삶을 살아간다. 그렇지만 그 목표에 도달할 사람은 그리 많지 않고, 대다수가 평범한 삶을 이어간다. 그 이유를 굳이 따져보자면 즉각적으로 실행에 옮기는 추진력의 부재를 꼽을 수 있다. 그들은 행동하기 전에 걱정부터 한다.

'만에 하나 실패하면 어쩌지?'

하지만 이런 생각이 마음을 점령한 순간부터 영원히 단 한 걸음도 나아갈 수 없고, 목표로부터 점점 멀어지기만 한다. 모름지기 성공은 과감한 결단력과 집행력에서 시작되고, 이것을 해내지 못한 사람 중에 성공한 사람은 존재하지 않는다. 어쩌면 당신은 자신이 용감한 사람이라고 믿으며 살았을지 모른다. 하지만 진짜 자신의 용기를 드러내야 할 때 도리어 주저하며 실행으로 옮기지 못한다면 그것은 진정한 용기가 아니다. 용기는 행동으로 옮겨졌을 때 그 진가를 드러낸다.

우리 주위에는 실패에 대한 두려움 때문에 어떤 일을 시작도 하기 전에 불안해하는 사람이 적지 않다. 그들은 자신이 최선의 노력을 다 하지 못했다고 시인할지언정 자기 능력이 부족하다고 인정하려 들지 않는다. 그들은 다양한 핑계를 끌어들여 일을 미루고, 결국 그 결과에 대한 책임도 지려고 하지 않는다.

캐나다 캘거리대학교의 연구진은 미루기 습관이 실패에 대한 두려움과 관련이 있다는 사실을 발견했다. 어떤 사람은 실패가 두렵지만 그럼에도 즉시 행동으로 옮기고, 또 어떤 사람들은 실패가 두려워 도피와 미루기를 반복한다.

일부 심리학자도 실패에 대한 두려움 때문에 일을 미루는 사람들을 대상으로 심리 평가를 진행했는데, 그 결과 몇 가지 흥미로운 공통점을 발견할 수 있었다. 즉 자기 자신에 대한 부정, 운명에 대한 믿음, 습관적인 무기력감이다. 이는 모두 부정적인 심리적 증상이고, 이런 감정에 휩싸이면 당연히 우울해질 수밖에 없다. 물론 즉각적으로 행동에 옮긴 결과가 실패로 끝날 수도 있다. 하지만 미루는 행위 역시 실패로 이어진다면 군이 실패에 대한 두려움 때문에 주저할 이유가 있을까? 모든 일이 부정적인 결과를 낳는 것도 아니고, 심지어 단지 기우에 불과한 경우도 허다하다.

사례　미국에서 대학을 갓 졸업한 한 젊은이가 주에서 모집하는 징병 공고를 보게 되었다. 그는 체력도 좋고 성적도 우수했기 때문에 별 어려움 없이 선발될 수 있었다. 다들 그가 군인이 된 것을 축하했지만 정작 그는 마냥 기쁘지 않았다.

며칠 후 다른 주에 사는 할아버지가 손자를 축하해주기 위해 아들 집을 방문했다. 그는 손자의 표정이 그리 밝지 않은 것을 보고는 말했다.

　"얘야, 걱정이 앞서는 네 마음을 모르는 건 아니지만 사실 따지고 보면 걱정할 게 없단다. 네가 육군에 소속되면 두 가지 경우가 있겠지. 넌 내근 부서에 들어가거나 외근 부서로 발령이 날 거다. 내근 부서라면 전혀 걱정할 게 없어."

　손자가 할아버지에게 물었다.

　"그럼 제가 외근 부서로 발령이 나면요?"

　"마찬가지로 두 가지 선택지가 생기겠지. 계속 미국에 남거나 아니면 해외 기지로 파견을 나가거나. 네가 미국에 남게 되면 걱정할 게 전혀 없지."

　손자가 계속 물었다.

　"그럼 제가 해외로 파견 나가게 되면요?"

　"그럼 또 두 가지 가능성이 생길 거다. 네가 평화 지역에 가거나 아니면 포탄이 날아다니는 전장으로 가는 거겠지. 네가 전쟁터가 아닌 곳으로 간다면 정말 축하할 일이겠지."

　"할아버지, 제가 운 나쁘게 전쟁터로 가게 되면요?"

　"그럼 또 두 가지 가능성을 생각하면 된단다. 본부에 남을지, 아니면 최전선에 파견되어 작전에 참여할지 말이다. 네가 본부에 남게 된다면 걱정할 필요가 없지 않겠니?"

　"제가 최전선에서 작전을 수행할 수도 있잖아요?"

　"그럼 또 두 가지 가능성이 생기겠지. 그건 아마도 네가 안전하게 돌아오거나 아니면 다치는 경우일 거다. 네가 아무 탈 없이 돌아올 수 있다면 걱정할 게 없지 않겠니?"

"제가 다치면요?"

"그럼 또 두 가지 가능성을 생각해야겠지. 가벼운 부상일지 아니면 생명이 위태로울 만큼 중상일지를 말이다. 네가 가벼운 상처만 입었다면 걱정할 게 없지 않겠니?"

"제가 만에 하나 중상을 입는다면요?"

"설령 중상을 입는다고 해도 두 가지 가능성이 있겠지. 살아남을 가능성이 있거나 아니면 전혀 살 가망성이 없거나. 네가 목숨을 건져 살아올 수 있다면 뭐가 걱정이겠니?"

"반대로 제가 죽는다면요?"

할아버지가 웃음을 터뜨리며 대답했다.

"이미 죽은 사람인데 그때 가서 걱정할 게 뭐 있겠니?"

누구나 행동에 앞서 일어나지 않은 일에 대한 걱정에 사로잡힐 때가 많지만, 니체의 말처럼 세상에서 벌어지는 악의 4분의 3은 모두 공포와 두려움에서 비롯된다. 이미 체험한 적이 있는 많은 것 때문에 힘들어하고, 그것이 아직 체험하지 않은 일에 대한 두려움을 갖게 만든다.

이런 공포심을 없애는 방법은 과감하게 결단을 내리고, 하고 싶은 일이었다면 자신이 해낼 수 있을 거라고 확신하며 밀고 나아가는 것뿐이다.

사례 J는 갓 결혼했을 때만 해도 무척 행복한 신혼생활을 보냈다. 그녀는 좋은 남편감을 만나 결혼했으니 아이를 낳고 평생 행복하게 살 수 있을 거라고 믿어 의심치 않았다. 그런데 막상 가정을 꾸리고 나니 결혼생활은 그녀의 생각과 아주 달랐다. 그녀는 혼란스러운 감정과 함께 답답함을 느꼈다.

그녀를 가장 힘들게 한 것은 결혼 후 달라진 남편의 모습이었다. 그는 안정적인 직장을 구한 뒤부터 현실에 안주한 채 퇴근 후 술을 마시러 가거나 포커를 치며 시간을 보냈다. 그녀는 그런 남편이 무능해 보였고, 경제적으로 풍족하지 못한 생활 역시 불만스러웠다.

어느 날 그녀는 친한 친구와 만난 자리에서 고민을 털어놓으며 자신이 결혼을 잘못한 거 같다고 불만을 터뜨렸다. 그러자 친구가 말했다.

"남편이 돈을 더 많이 벌어다 줬으면 좋겠다는 마음으로만 산다면 넌 절대 행복해질 수 없어. 사실 너도 꿈이 있었잖아. 게다가 능력도 있어. 그런데 왜 자꾸 남편한테만 바라면서 네 마음을 힘들게 만들어? 그러지 말고 차라리 창업하거나 직장을 구해보는 게 낫지 않겠어?"

그녀는 그 말에 정신이 번쩍 들었다. 그날 이후 그녀는 친구의 충고대로 다양한 가능성을 열어두고 기회를 엿보기 시작했다.

보름 후 동네 식당 주인이 가게를 내놓자 그녀는 잠깐의 고민 끝에 바로 그 가게를 인수하기로 했다. 당시 남편과 시어머니는 장사 경험도 없는 여자 혼자서 무슨 일을 하겠느냐며 반대했지만, 그녀는 자기 생각을 굽히지 않았다. 얼마 후 그녀는 가게를 인수해 영업을 시작했고, 그녀의 남다른 사업 수완 덕에 가게는 번창하기 시작했다.

게다가 그녀의 남편조차 일손을 돕기 위해 시간이 날 때마다 가게에 들러 대소사를 챙기며 무기력한 모습에서 벗어나는 놀라운 변화를 보여주었다. 지금 그들은 서로의 생각과 의견을 함께 나누며 살아가고 있고, 부부 사이의 애정도 예전보다 훨씬 좋아졌다.

이처럼 불안감에서 벗어나 즉각적으로 행동하고, 더 나아가 성공을 거둘 수 있도록 돕는 열쇠는 바로 우리 손에 들려 있다. 우리가 좀 더 적극적으로 행동하기만 하면 행복과 기쁨은 손에 닿을 만큼 가까운 곳에서 우리에게 다가온다. 일하는 과정에서 어떤 사람들은 늘 실패한 후의 상황을 불필요하게 걱정하다가 미루는 습관에 물든다. 하지만 사실 우리 중 누구도 내일을 예측할 필요가 없다. 지금 우리가 해야 할 일은 현재에 집중하는 것뿐이다.

성공에 대한 두려움

어떤 사람들은 실패에 대한 두려움 때문에 주저하며 앞으로 나아가지 못한다. 심리적으로는 충분히 공감이 간다. 그런데 심리학자가 미루기 행동의 심리적 요인을 분석하면서 성공에 대한 두려움 때문에 미루는 행동을 한다고 말한다면 누구나 황당한 표정을 짓지 않을까 싶다. 하지만 이런 상황은 분명 존재한다. 많은 사람의 잠재의식 속에는 성공에 대한 두려움이 정말 존재하고, 이런 두려움 때문에 행동을 주저하며 결국 성공을 스쳐 지나가고 만다. 다만 성공에 대해 두려움이 생기는 이유는 사람마다 다르다.

사례 대학 동창 Y는 졸업 후 한 기획사에 입사해 8년을 근무한 경력직 직장인이다. 그녀는 능력도 출중하고, 성격도 좋아서 동료와 상사들에게 인기가 많았다. 최근 회사 측은 그녀를 기획총괄팀장으로 승진시켜주었다. 일개 대리에서 팀장으로 승진하는 파격적인 인사이동이 이루어진 셈이었다. 나는 그녀의 승진을 축하하기 위해 주말에 그녀를 집으로 초대했다.

"축하해, 팀장님."

나는 일부로 장난스러운 말투로 그녀를 축하해주었다.

"축하는 무슨! 다들 축하한다고 하는데 사실 난 걱정이 앞서서 미칠 거 같아."

그녀가 한숨을 내쉬었다.

"승진한 사람이 그게 무슨 소리야? 다들 파격적인 승진이라고 난리가 났을걸?"

나는 그녀의 말이 도통 이해가 가지 않았다.

"솔직히 난 승진하고 싶은 마음이 전혀 없었어. 지금 자리로도 만족하고 있거든. 팀장이 되면 스트레스가 엄청나고, 해야 할 일도 많으니 내 시간을 갖기도 힘들 거야. 게다가 성과를 내지 못하면 언제 밀려날지 알 수 없잖아. 늘 경쟁에서 이겨야 한다는 강박관념도 싫고, 매일 부하 직원들에게 이런저런 지시를 내리며 마른걸레를 쥐어짜듯 채근하는 입장에 서는 것도 너무 싫어. 이뿐만이 아니야. 일단 팀장이 되면 외모에도 신경을 써야 하잖아. 다들 내가 무슨 옷을 입었는지, 헤어스타일이 어떤지 뒤에서 얼마나 말이 많겠어. 그렇게 주목받는 위치에 있는 게 너무 싫어."

그녀의 말도 일리가 있었다.

"그럼 어쩔 생각인데? 직무 발령은 이미 내려진 거 아니야?"

"나도 몰라. 그냥 관둘까? 병가를 내고 회사에 안 가는 건 어떨까?

내가 없으면 다른 사람이 알아서 내 일을 처리할 거고, 그럼 그 사람이 나보다 더 능력 있어 보일 테니 인사이동을 다시 하지 않을까?"

Y 역시 자신의 말이 황당하다는 것을 모르지 않았다. 이것은 자신의 현실을 벗어나고 싶은 그녀의 마음이 그만큼 절실하다는 방증이다. 사실 사람들은 겉으로 보이는 다른 사람의 화려한 모습만 볼 뿐 그 이면의 희생과 스트레스를 보지 못한다. 하지만 성공이 두려워 승진을 꺼리는 게 과연 정상적인 생각일까? 당연히 아니다! 자신감을 잃고, 성공을 두려워하는 심리는 새장 속에 자신을 가두고 한 걸음도 앞으로 나아가지 못하는 결과를 초래할 수밖에 없다. 실상 그토록 두려워하는 성공 후의 일들 같은 것은 일어나지 않는 경우가 대부분이며, 설령 일어났다 해도 우려하던 것처럼 감당하지 못할 정도의 일은 거의 없다.

지금 당장 성공 후의 장단점을 열거해본다면 그 걱정이 얼마나 무의미한지 깨닫게 될 것이다.

직장에는 두 부류의 사람이 있다. 한 부류는 자신이 과소평가되고 있다며 불만을 품고 기회가 생길 때마다 나서서 능력을 과시하려 든다. 하지만 그들의 지나친 과시욕은 상사에게 빈 수레가 요란하다는 인상만 남길 뿐이다. 또 다른 부류는 능력이 출중하지만 성공을 두려워해서 기회를 보고도 미루거나 도피하려 한다. 그들은 이루고자 하는 목표조차 없이 현실에 안주하는 경향이 강하기 때문에 회사 발전에 부정적 영향을 미친다. 심지어 그들은 늘 고인물처럼 정체되어 있어서 신입 직원들보다도 뒤처지는 모습을 보이기까지 한다. 직장 내에서 이런 두 종류의 업무 태도는 모두 환영받지 못한다. 그렇다면 어떻게 해야 할까?

사실 직장뿐 아니라 다른 모든 영역에서도 발전을 멈추는 것은 금물이다. 지식과 기술의 발전 속도가 갈수록 빨라지면서 끊임없이 배우며 지식을 갱신하는 것이야말로 도태되지 않고 기회를 잡을 중요한 방법이다. 치열한 경쟁 환경에 적응하고, 자신을 업그레이드시키는 일은 한 사람을 평가하는 데 중요한 요소로 작용하고 있다. 따라서 우리는 과감한 도전과 내실을 다지는 노력을 통해 발전해 나아가야 한다.

사례 S는 모 대기업의 직원이다. 그는 대학에 떨어진 후 계속 공부할 여건이 되지 않아 바로 지금 다니는 회사에 들어갔다. 물론 고졸 출신이라 생산라인에서 부품을 조립하는 일부터 시작할 수밖에 없었다. 하지만 그는 그 일에 만족하지 않고 남는 시간을 활용해 그 제품과 관련된 지식을 채워나갔고, 다른 과정의 자격증에도 도전했다.

그렇게 5년의 세월이 흘러 그는 회사에서 5년마다 개최하는 청년 지식산업 경진대회에 참가하게 되었다. 참가자 대부분이 대졸 이상의 학력이었지만 그는 굴하지 않고 참가 신청을 했다. 그의 참가 작품은 회사 생산라인과 관련된 기계 공정 개선 시스템이었다. 회사 고위층 심사위원은 이 획기적인 시스템에 큰 관심을 보였고, 특히 이것을 고안해낸 참가자가 생산라인에서 근무하는 직원이라는 사실에 놀라움을 금치 못했다. 심사위원은 바로 그를 불러 개선 시스템에 관한 이야기를 나눴다. 그의 해박한 지식과 독창적인 아이디어는 회사 고위층 간부들을 사로잡기에 충분했다. 얼마 뒤 그는 기술팀 팀장으로 발탁

되었고, 자신이 제출한 개선 시스템을 생산 현장에 적용해 발전시켜 나아갔다.

이 사례처럼 우리 모두에게는 그 어떤 난관도 헤쳐갈 능력이 있다. 자신이 성공할 수 있다는 확신을 가지고 끊임없이 내실을 다지며 발전을 위해 앞으로 나갈 수 있다면 누구에게나 기회는 찾아오게 되어 있다. 물론 그 기회가 찾아오면 성공과 실패에 대한 두려움 없이 과감하고 신속하게 기회를 잡아야 한다.

시간을 활용하는 법에 대한 무지

정신없이 바쁘기만 하고 원하는 결과물이 나오지 않으면 사람들은 운명을 탓하고 때로는 흙수저로 태어난 자신의 처지를 비관하기도 한다. 하지만 그들 대부분은 시간을 어떻게 설계하고 이용해야 하는지 모른 채 운명을 탓하고 세상을 원망하기 일쑤다. 시간을 제대로 활용할 줄 모른다면 미루기병을 뿌리 뽑는 것도 불가능하다. 따라서 이런 사람들은 삶이 뜻대로 풀리지 않는 경우가 태반이다.

"젠장! 일을 또 다 못 끝냈어."

"헬스장 가는 걸 또 깜빡했네."

"평생 아무것도 이룬 일이 없다는 게 정말 후회스러워!"

우리가 살면서 흔히 입 밖으로 내뱉거나 주변에서 듣게 되는 말들이다. 그런데 사람들은 왜 미리 시간을 정해놓고 움직이지 못한 채 늘 후회하며 이런 말을 내뱉는 것일까?

H는 회사에 근무한 지 오래되었고, 능력을 인정받아 총괄 매니저 자리까지 올라가게 되었다. 하지만 그는 산만하고 시간개념이 없는 치명적 단점을 가지고 있었다. 어느 날 사무실에 들어간 그는 책상 위에 잔뜩 쌓여 있는 서류를 보자 숨이 턱 막혀왔다. 하지만 서둘러 끝내야 할 일이었기에 그는 마음을 가라앉히고 서류를 하나하나 검토하기 시작했다. 서류를 절반 정도 검토했을 무렵 비서가 들어와 고객이 찾아왔다고 전했다. 하지만 그는 크게 신경 쓰지 않았다.

"이것만 보고 나갈 테니 조금만 기다리라고 해요."

그는 15분 가까이 서류를 더 검토한 후에야 밖으로 나갔다. 고객은 잔뜩 성난 표정으로 접견실 안을 왔다 갔다 하고 있었다. 그는 난처한 표정으로 애써 웃으며 고객에게 미안한 마음을 전했다.

"많이 기다리셨죠? 죄송합니다. 처리해야 할 일이 많아 그만 실례를 범했습니다."

그러자 고객이 화난 목소리로 쏘아붙였다.

"나 같은 고객 나부랭이는 안중에도 없다 이거요?"

고객은 그 말만 남긴 채 바로 등을 돌려 가버렸다. 그는 자신의 잘못을 탓하긴커녕 지긋지긋하게 몰려 있는 일을 탓했다.

다음 날 사장이 그를 호출했다.

"회사는 자네가 이 회사와 맞지 않는 사람이라고 판단해 자네를 해고하기로 했네."

그는 청천벽력 같은 말에 눈앞이 하얘졌다.

"이유가 뭡니까? 전 그동안 이 회사를 위해 저의 모든 걸 바쳐 일해왔습니다. 그런 저에게 어떻게 하루아침에 해고를 통보하실 수 있습니까?"

사장은 아직도 상황 파악을 하지 못하는 그를 답답한 듯 쳐다보며 소리쳤다.

"아직도 뭐가 잘못된 건지 모르는 게 바로 문제야! 자네가 무려 천만 위안짜리 거래를 물거품으로 만들어버렸어! 알고 있나?"

그는 그제야 어떻게 된 일인지 깨달았다. 그 순간 그는 처음 입사했을 당시 사내 게시판에 붙어 있던 직원 강령이 떠올랐다.

'1. 시간 엄수를 최우선으로 한다. 2. 특별한 사유 없이 지각이나 조기 퇴근을 하지 않는다. 3. 정해진 시간 안에 일을 마무리한다. 4. 시간 분배를 효율적으로 하고, 세부 사항 역시 일정에 포함해 실행에 옮긴다.'

그가 많은 업무량 때문에 바빴던 것은 사실이다. 다만 그는 시간을 효율적으로 사용하지 못해 결국 중요한 고객을 놓치고 해고를 당하는 수모를 겪어야 했다.

대부분의 사람은 손목에 차고 있는 작은 시계가 자신을 통제할 필요가 없다고 느끼며 결국 시간을 낭비한다. 더 정확히 말하자면 시간을 대충 흘려보내며 아무것도 성취하지 못한 채 정체된 인생을 살아간다. 심지어 시간을 증오하고 외면하기까지 한다. 반면에 어떤 사람들은 자신의 시간을 설계하고, 시간을 엄수하며 허투루 낭비하지 않는 것을 중요하게 생각한다. 그들은 자신의 시간을 철저하게 계획하고, 그 계획에 맞춰 움직인다. 이렇게 해야 목표를 향해 시간을 효율적으로 낭비 없이 쓸 수 있기 때문이다.

사실 의식하지 못했을지도 모르지만, 우리는 모두 시간을 배분하며 살아왔다. 다시 말해서 당신은 일상 속에서 일 분, 한 시간, 하루마다 시간을 설계하고 있다. 당신은 졸린 눈을 비벼가며 벽에 걸린 시계를 확인한 후 가장 먼저 해야 할 일의 순서를 가늠한다. 예를 들어 5분 동안 양치를 하고, 10분 동안 세수와 드라이를 하고, 20분 동안 아침 식사를 하고, 한 시간 동안 학교 혹은 회사에 간다. 지각하면 불이익이 따르므로 등교 또는 출근 전까지 당신은 시간을 잘 배분해 준비해야 한다. 그렇게 하루 일과를 시작한다.

아무리 바빠도 시간 계획을 짜는 일을 소홀히 해서는 안 된다. 그렇지 않으면 자기도 모르는 사이에 시간을 낭비하며 중요한 기회를 놓칠 수 있다.

미루는 습관과 작별하고 실행력을 높이고 싶다면 시간을 계획하는 것이 무엇보다 중요하다. 시간을 무분별하게 사용하며 맹목적으로 목표를 추구하다 보면 미루는 습관이 생기게 되고, 결국 불안과 절망의 늪에 빠질 수밖에 없다.

자기 위안의 고수

일을 미루는 원인은 여러 가지가 있을 수 있고, 어쩌면 그 원인이 복합적으로 작용한 결과일지도 모른다. 어떤 사람들은 자신의 미루기 행위를 자책하며 다음번에는 제때 일에 착수할 수 있길 바란다. 반면에 어떤 사람들은 일의 결과에 큰 기대가 없어 별다른 신경조차 안 쓴다. 그들은 주어진 일을 그저 하기만 하면 된다고 생각한다. 그리고 그들은 이런 마음가짐 때문에 일을 계속 미룬다.

누구나 능력을 인정받아 자신의 가치를 증명하고 싶어 한다. 동료의 인정, 상사의 칭찬 혹은 승진, 연봉 인상은 모두 우리가 늘 신경 쓰는 요소들이고, 그만큼 심리적으로 취약한 부분이라고 할 수 있다. 그런데 우리는 일을 미루는 습관 때문에 이런 것들을 잃으면 속으로 자신을 위로하기 시작한다.

'이런 것들은 나한테 하나도 중요하지 않아. 내가 원래 눈에 띄는 걸

좋아하지 않잖아.'

사실 이 말은 단지 자기 치유일 뿐이며, 이런 과정을 거쳐 자아가 마비될수록 우리는 미루기 행동에 더 집착하게 된다.

다음 사례에 등장하는 두 사람은 똑같은 문제를 안고 있다.

사례　지인 중 S는 지방 공무원으로 행정부처에서 일하는 사무직 직원이다. 이 부서는 늘 같은 일의 반복이라 변화가 별로 없고, 행정부서의 승인을 거쳐야 하는 업무가 많다 보니 다른 부서와의 업무 연계가 비교적 많은 곳이다. 그런데 회사 심지어 부서 내부에서조차 그녀의 존재감은 미미했다. 그녀의 외모와 학벌, 직위가 평범한 것도 한몫했겠지만, 가장 큰 문제는 그녀 자신에게 있었다. 그녀는 지금까지 무언가를 이루고자 하는 열망이 없었고, 무엇을 하든 늘 느긋하고 조바심을 내지 않았다.

한번은 그녀에게 이렇게 물은 적이 있다.

"요즘 일이 많다고 하지 않았어? 다 끝나가?"

"그럭저럭. 주말 전에 끝낼 거야."

"시간 날 때 얼른 끝내면 상사도 좋아하지 않겠어? 아마 널 보는 눈이 달라질걸?"

"글쎄, 별로 그러고 싶지가 않네. 굳이 그렇게까지 내 능력을 드러내고 싶지 않아."

또 다른 지인 W 역시 행동이 느려 터진 직원이었다. 그는 프로그래머로 IT 부서에서 근무했는데, 모두의 관심에서 거의 잊히는 인물로 살아가고 있었다.

그는 학창 시절에 성적은 별로 안 좋았지만 크게 문제를 일으키지 않는 학생이었다. 그는 착실히 공부해 대학에 진학했고, 졸업한 후 이 회사에 취직했다. 그런데 그는 남에게 미움을 사는 것에 병적인 거부감이 있어 늘 자기 능력을 드러내는 일에 소극적이었다.

그는 농구를 무척 좋아했고 실력도 좋았다. 한번은 회사에서 부서별 농구 시합이 열렸고, 다들 그가 농구를 잘한다는 사실을 알고 있었기에 그를 선수 명단에 집어넣었다. 물론 그는 끝까지 사양했지만, 강압적인 분위기에 밀려 결국 시합에 나가게 되었다. 시합 전날, 그는 자신이 속한 부서의 팀장도 시합에 참여한다는 사실을 알게 되었다. 그 순간 그는 팀장이 소속된 팀이 지게 된다면 괜히 그 화살이 자신에게 돌아올까 봐 덜컥 겁이 났다. 그는 시합 당일 아침까지 그 고민을 하다 결국 핑계를 대고 경기에 참여하지 않았다. 나중에 그에게 시합에 참여하지 않은 이유를 묻자 돌아온 대답은 이랬다.

"다른 사람의 미움을 사고 싶지 않아서. 어차피 나도 눈에 띄는 게 싫거든."

직장 안에서 이런 부류의 사람은 꼭 섞여 있다. 그는 상사로부터 업무 지시를 받으면 늘 다른 동료보다 반박자 늦게 시작했고, 미룰 수 있는 일은 끝까지 미뤘다가 했다. 그렇다 보니 회사의 인사이동 명단에 그의 이름은 늘 빠져 있었다. 그렇게 그는 3년이 지나도록 승진하지 못했고, 연봉 인상조차 이루지 못했다. 내가 그 이유에 관해 묻자 그의 대답 역시 같았다.

"난 그런 욕심이 없어. 남들보다 눈에 띄게 잘난 것도 싫고."

위 사례에 등장한 지인들은 모두 미루기병 환자들이다. 그들이 미루기병에 걸린 이유는 도드라짐 없이 그저 조용히 안주하고 싶은 소극적 마음 때문이다.

당신도 이런 부류에 속한다면 이렇게 자문해보라. 나는 정말 개의치 않는 것일까? 아니면 그 결과에 신경 쓰지 않을 만큼 이미 미루기 습관에 물든 것은 아닐까? 이런 소극적이고 부정적인 마음이 마음을 점령한다면 일을 미루는 것만 문제 되는 게 아니다. 행동이 둔해지고, 에너지가 없어지고, 식욕이 사라지는 단계를 뛰어넘어 우울증으로까지 진행될 수 있다. 반대로 미루기 습관을 고치기 위해 노력하고 바로 실천에 옮긴다면 우리의 삶 역시 활력을 얻을 수 있다.

물론 너무 잘나고 눈에 띄어도 시기와 공격의 대상이 된다. 그래서 그런 시선이 우려되어 남들보다 반박자 늦게 일을 처리하는 것도 자신을 보호할 방법일 수 있다. 하지만 이것이 일을 미루는 습관으로 이어져서는 안 된다. 결국 '일을 하는 것'과 '사람됨'은 다른 문제이기 때문에 처세에 능한 사람은 인정받아도, 일을 미루고 지체하는 사람은 은 어느 조직에서도 절대 환영받지 못한다. 그래서 진짜 똑똑한 직장인은 겸손하게 자신을 낮추는 사람됨과 프로 같은 일 처리 능력을 발휘하는 행동 강령을 분리하여 따른다. 여기서 그들이 절대 포기하지 않는 원칙 한 가지는 바로 배움을 게을리하지 않고 자신의 내실을 다지는 것이다.

사례 H는 베이징 소프트 회사의 직원이다. 그녀는 영업부서의 다른 여직원들과 다르게 수다를 떨거나 쇼핑을 즐기기보다 틈만 나면

책을 사서 읽었다. 그러다 보니 입사 후 2년 동안 영업뿐 아니라 소프트웨어 방면으로도 상당한 지식을 쌓을 수 있었고, 이제는 기술부서의 일도 처리할 만큼 실력도 인정받았다.

사장도 이 모든 변화를 눈여겨보고 있었다. 사장은 인재 육성 차원에서 우수 직원에게 독일 본사로 4개월 동안 연수를 갈 수 있는 특전을 주기로 했는데, 그 첫 번째 대상자로 그녀를 선발했다. 이 소식이 전해지자 그녀에 대한 동료들의 시기와 질투가 불타오르기 시작했다. 지난 보름 사이에 영업팀 팀장이 이민 가는 바람에 이번 연수를 갔다 온 사람이 팀장 자리에 발탁될 가능성이 아주 컸다. 그녀 역시 그 사실을 모르지 않았다. 이런 이유로 직원들 사이에 불만이 터져 나왔지만, 사장은 자신의 결정을 확고히 밀고 나갔다.

"소프트웨어 기술이든 영업이든 모두 계속해서 발전해야 살아남을 수 있습니다. 아무런 발전 없이 시장개척을 논할 수 없다는 사실은 다들 잘 알 겁니다. H는 입사 후 놀라운 성장을 거듭하며 회사에 기여한 인재입니다. 내가 이번 연수 기회를 그녀에게 준 건 그뿐만 아니라 다른 직원에게도 성장을 위해 좋은 자극이 될 수 있으리라 생각했기 때문입니다. 회사는 실력으로 인재를 판단한다는 사실을 잊지 마시길 바랍니다."

그 말을 들은 직원들은 더 이상 아무 말도 할 수 없었다.

H가 생각지도 못한 기회를 얻을 수 있었던 것은 언변이나 처세와 상관없이 끊임없이 배우고자 하는 열정과 내실을 다져온 그녀의 노력 덕분이었다. 결국 현대 사회 속에서 기업이 가장 배척하는 직원은 업

무 효율이 낮은 사람이 될 수밖에 없다.

요컨대 미루기를 좋아하는 대다수 사람에게는 '나는 그렇게 잘할 필요가 없다'라는 심리가 있다. 하지만 이것은 단지 자기 위안이라든지 자신을 너무 힘들게 만들고 싶지 않은 도피성 핑계일 뿐이다. 이런 식으로 해야 할 일을 미루고 회피하면 자책할 필요가 없어지고, 소극적 심리는 장기적으로 미루기 습관을 초래한다. 따라서 우리는 어떤 일을 하든 이런 심리가 생기는 순간 자신의 심리를 객관적으로 들여다보고 고치려 노력해야 한다.

| PART 2 |

아무도 가르쳐주지 않는

미루기 극복과 전진 모드

CHAPTER 6

미루기 심리와 맞서는 계책 :
게으름과 타성 박멸하기

주변 사람들을
멀어지게 만드는 게으름

이 세상에 당신의 삶을 대신 관리해줄 사람은 아무도 없다. 학창 시절에는 성적과 학교생활을 관리해주는 시스템이 있고, 직장에 들어가면 인사고과와 업무 진행 상황을 점검하는 시스템이 있을 수 있다. 그렇다면 자신의 일상생활과 미래는 누가 관리해줄까? 기획, 집행부터 실행에 이르는 전 과정을 관리 감독해야 할 사람은 바로 당신 자신뿐이다.

사람은 누구나 게으른 면이 있고, 사람의 성격 중 타성에 젖는 요소는 분명 존재한다. 생활 속에서 타성에 쉽게 젖는 사람들을 보면 내일 해낼 수 있는 일을 절대로 오늘 끝내지 않고, 다른 사람이 할 수 있는 일은 직접 손대지 않으며, 나중에 다시 거론할 일을 절대로 지금 고민하지 않는다. 그들은 근면이야말로 성공을 거두는 데 필요한 가장 기본적인 요소 중 하나라는 사실을 간과한다. 여기서 말하는 '근면'은 주로 자신의 타성을 극복하는 것을 가리킨다.

사례 M은 대학을 졸업한 지 반년이 넘어가는데도 아직 취직을 못 하고 있었다. 그녀는 취업할 만한 곳을 찾지 못했다고 했지만, 사실 적극적으로 취직자리를 알아보지 않았다. 실상 그녀는 경제적으로 남 부럽지 않은 가정환경 덕에 취업 스트레스를 별로 받지 않았다. 동창들이 하나둘 취직해서 직장인으로 바쁘게 살아가는 동안 그녀는 매일 집에서 해가 중천에 뜰 때까지 늦잠을 잤다. 그럴수록 부모님의 걱정은 날로 커져갔다.

"이제 스물네 살인데 하는 일 없이 잠만 자면 되겠니? 지금이야 우리가 있으니 경제적으로 문제없겠지만, 나중을 생각해서 너도 할 일을 찾아야지! 이렇게 집에서 빈둥거리기만 하면 앞으로 어쩌려고 그래? 우리가 늙어서까지 네 뒤치다꺼리하며 살 수는 없잖니?"

하지만 그녀는 그런 말에도 별다른 타격을 받지 않았다.

"나도 알아. 천천히 찾아볼게! 당장 어떻게 되는 것도 아니니까 며칠 후에 한번 알아보러 가볼게. 그럼 됐지?"

그녀의 부모는 이렇게 게으르고 제멋대로인 딸을 보며 더는 어떻게 해볼 도리가 없었다. 그날 이후로도 그녀는 일자리를 찾기 위한 노력을 전혀 하지 않았고, 그렇게 반년의 시간이 흘러버렸다. 결국 그녀의 아버지는 딸을 위해 작은 옷가게라도 하나 해주기로 했다. 다만, 아버지는 돈만 대주기로 하고 나머지 모든 일은 스스로 알아서 처리하라는 조건을 내걸었다.

얼마 후 가게를 차렸지만 그녀는 늦잠을 자느라 개업 준비에 필요한 일을 자꾸 미루기만 했다. 결국 보다 못한 부모는 그녀를 대신하여 모든 일을 처리해주었다. 이런 상황에서 그녀의 옷가게가 잘될 리 만무했다. 유행에 민감한 옷가게와 게으른 사장이 만났으니, 그 결과는 안 봐도 훤했다.

부지런함은 부와 성공, 행운을 가져오는 발판이다. 부지런하고 열심히 일하는 사람만이 자신이 원하는 일을 해낼 수 있고 이것은 만고불변의 진리이기도 하다. 게으름과 타성에 젖은 사람은 안일한 것을 추구하고 운이 따라주기만을 바라기 때문에 결국 아무것도 성취할 수 없다. 고로 게으름과 타성은 성공의 걸림돌이 될 뿐이다. 노력 앞에 장사 없다는 말처럼 똑똑하지 않은 사람도 노력을 쏟아부으면 위대한 업적을 이룰 수 있다. 역사적으로 위대한 인물들의 면면을 살펴보면 그들의 성공과 '부지런함'은 떼려야 뗄 수 없는 관계라는 것을 알 수 있다. 그래서 아무리 똑똑한 사람일지라도 부지런히 노력하지 않으면 그 재능이 빛을 발하지 못한 채 묻힌다.

동화 중 토끼와 거북이의 경주는 어른들에게도 시사하는 바가 크다. 게으른 사람들은 태도에 문제가 있는 경우가 많다. 그들은 무엇을 하든 최선을 다하는 데 인색하고, 최선을 다하고도 성공하지 못하면 체면만 구길 뿐이라고 생각한다. 그들은 최선을 다하지 않았으니 실패해도 아쉬울 것 없고, 얼마든지 핑계를 대며 자기 합리화를 할 수 있으니 최선에 연연하지 않는다. 그래서 실패하고 나면 그들은 그저 어깨를 으쓱하며 "뭐 대단할 것도 없는 일이잖아. 이런 일 따위는 처음부터 안중에도 없었어" 하며 허세를 부린다. 수많은 실패자가 이런 모습을 보인다. 더 중요한 점은 게으름은 전염될 수 있고, 누구에게도 환영받지 못한다는 사실이다.

인간의 본성 안에는 게으름과 타성의 씨앗이 숨어 있다. 이것은 심리적으로 피곤한 상태에서 서서히 싹을 틔우기 시작한다. 그리고 극도의 산만함과 게으름 같은 모습으로 드러난다. 불안, 답답함, 부끄러움, 시기, 질투 등은 모두 게으름을 유발하는 요인이다. 이것이 발현되기 시작하면 자신의 계획에 맞춰 행동하기 힘들어진다. 어떤 사람들은 나태한 생각이 들더라도 내일에 희망을 걸고 성공적인 미래를 꿈꾸며 극복해가지만, 사실 이런 나쁜 습관을 고치기 위해 노력하고 싶어도 어떻게 해야 할지 몰라 악순환을 반복하는 사람이 더 많다.

당신이 게으름과 타성을 극복할 길이 없다면 먼저 미소 짓는 법을 배워야 한다. 당신이 더는 냉소적이고 화난 얼굴로 세상을 대하지 않는다면 생각의 방향이 긍정적이고 적극적으로 변할뿐더러 더 먼 미래를 보며 목표를 향해 노력할 추진력을 얻을 수 있다. 좋아하는 일 혹은 오래전부터 해보고 싶었던 일을 하는 것도 좋은 방법이다. 그 속에서 결과가 어찌 됐든 상관하지 말고 그 시간에 충실하며 즐기는 법을 배우는 게 필요하다. 또한 낙관적 마인드를 갖고 걸핏하면 화를 내는 버릇을 고쳐야 한다. 좌절 앞에서 화를 내는 것은 자신의 무능함을 드러내는 어리석은 짓이다. 좌절과 역경이 찾아와도 침착하게 문제의 원인을 찾아내야 하며, 스스로 해결책을 찾거나 혹은 다른 사람과 상의하는 편이 좋다. 설령 그 과정에서 논쟁이 불거지더라도 이는 장애물을 제거하는 데 도움 된다. 이런 과정이 가져다주는 기쁨은 당신을 좀 더 적극적이고 부지런하게 만들어줄 수 있다. 물론 스스로 인정하는 법을 배우고, 부족한 점을 발전 동력으로 삼는 용기도 필요하다.

자신의 타성을 그대로 둬서는 안 된다. 계획과 규율에 따라 엄격한 잣대로 인생의 틀어진 방향을 바로잡아야 한다. 그렇지 않으면 안일한 삶에 안주해 이리저리 표류하다 귀중한 시간만 낭비하는 인생을 살 수 있다. 노력은 결국 언젠가는 그 결실을 보게 되어 있다. 우리는 늘 아무리 노력해도 되는 일이 없다고 불평을 쏟아내지만, 사실 그 이면을 깊이 들여다보면 노력이 부족한 경우가 태반이다. 불평을 쏟아내기에 앞서 얼마나 노력과 희생을 쏟아부었는지 자신을 먼저 돌아볼 필요가 있다.

노력하는 사람은 아름답다. 그 노력과 의지가 운명을 지배한다. 자기 삶을 책임지지 않는 사람은 결국 실패할 수밖에 없다. 진정 원하는 삶을 살고 싶은가? 그렇다면 나태함을 버리고 노력과 의지로 인생길을 스스로 개척하라.

시간을 잡아먹는
게으름병에 맞서는 부지런함

　어떤 사람들은 자신의 실패를 나쁜 운 탓으로 돌리고, 자신은 최선을 다했지만 그 결과가 기대치에 미치지 못했다고 생각한다.

　현실 사회에는 어쩌면 운이 존재할지도 모른다. 하지만 본질을 들여다보면 그것은 자신의 노력이 충분하지 않다는 것을 설명할 뿐이다. 지금의 노력이 자신의 기대치에 도달할 만큼 충분한 추진력을 주지 못한 것이다. 그런데도 그들은 자신의 게으름을 덮고 자기합리화와 심리적 위안을 얻기 위해 그럴싸한 핑계를 댄다.

　우리는 살아가면서 게으름과 마주칠 수 있지만 어떤 사람은 그것과 싸워 이기고, 또 어떤 사람은 그 늪에 빠져 헤어나지 못한다. 부지런함은 성공의 유일한 통로이다. 그것이 없다면 천재도 바보가 될 수 있다.

　부지런하고 적극적으로 일할 줄 아는 사람은 어떤 자리에서도 환영받을 뿐만 아니라 인생의 중요한 자산인 '자신감'을 얻을 수 있다.

사례 R은 평범한 직장인이다. 그녀는 결혼 후 모든 것을 남편에게 의존하며 점점 나태하게 변했고, 결국 다니던 회사도 그만둔 채 가정주부의 삶을 선택했다. 그런데 몇 년 후 그녀의 남편이 교통사고로 사망하면서 그녀는 하루아침에 오롯이 혼자 아이를 책임져야 하는 가장이 되어버렸다. 이런 절박한 상황으로 내몰리자 그녀는 어쩔 수 없이 직업 전선으로 뛰어들어야 했다. 그녀는 아이를 돌보느라 전일제로 일할 수 없었기 때문에 아이를 등교시킨 뒤 가사도우미로 일했다. 그리고 저녁에 아이가 숙제하는 동안에는 밀린 집안일을 했다.

어느 날 그녀는 대다수 직장 여성이 살림을 제대로 돌볼 여유가 없다는 것을 깨달았다. 그래서 그녀는 자질구레한 가정 살림과 정리를 도와주는 아이디어를 떠올렸고, 이 일에 모든 노력을 쏟아부었다. 그렇게 살림 정리 도우미 일은 점점 전문성을 띠는 직업으로 특화되었고, 그녀는 회사를 설립해 본격적인 사업에 뛰어들었다.

비록 시장에 이미 비슷한 업종이 존재하기는 했지만, 그녀는 성실함을 무기로 고객 만족을 위해 노력했다. 그 결과 정리 도우미 서비스를 신청하는 전화가 끊이지 않았다. 그러나 그녀는 이런 성공에 자만하지 않고 밤낮없이 일하며 더 나은 서비스를 제공하기 위해 노력했다. 그런 그녀에게서 더는 예전의 나태한 모습을 찾아볼 수 없게 되었다.

똑똑한 인재는 지식을 부지런히 축적하는 데 노력한다. 예를 들어 중국의 수학자 천징룬은 '골드바흐 추측(Goldbach's conjecture)'을 정복하기 위해 매일 새벽 3시에 일어나 외국어를 공부하고, 매일 도서관에 가서 수학 부호의 바닷속을 유영했다. 심지어 관리인이 도서관 문을 닫을 시간이라고 알리는 소리조차 듣지 못해 도서관 안에 갇힌 적도 몇 번 있을 정도였다. 하지만 그런 상황에서도 그는 전혀 개의치 않고 날이 밝을 때까지 책 속에 파묻혀 있었다. 그런 노력 끝에 그는 마침내 현재 가장 강력한 결과인 '천의 정리(Chen's theorem)'를 증명해냈다. 물론 천부적 자질이 모자란 사람도 '부지런한' 노력을 통해 인재로 거듭날 수 있다. 발명가 에디슨은 어릴 때 저능아 소리를 들으며 학교에서 퇴학까지 당했다. 하지만 그는 후천적인 노력을 통해 마침내 세계적으로 위대한 발명가가 될 수 있었다.

사례　W는 품행이 바르고 성적이 우수한 학생이었다. 그는 학교에서 모범생으로 칭찬이 자자했고, 집에서는 부모의 자랑일 만큼 어른스러운 아이였다. 그는 모두의 바람대로 명문대에 들어갔고, 모두가 부러워하는 인생의 첫발을 내디뎠다.

하지만 대학에 들어간 후 그는 온라인 게임에 점점 중독되었다. 그는 온종일 PC방에 틀어박힌 채 수업에 들어가지 않았고, 결국 몇 번의 시험에서 받은 낙제점수가 누적되어 강제 퇴학 처분을 받고 말았다. 학교에서 쫓겨난 그는 다시 고향으로 돌아가 일을 찾아야 했다. 충격을 받은 그의 부모는 온라인 게임에 빠져 학업을 등한시한 아들을 나무라며 눈물로 하루하루를 보내야 했다.

향락에 빠져 그 속에 안주하고 고난을 두려워하는 것이야말로 타성에 젖는 시초가 될 수 있다. 게으름과 타성은 우리의 삶을 무너뜨리지만, 부지런함은 원하는 바를 이루도록 돕는 힘을 가지고 있다. 게으른 사람은 늘 힘든 일을 피하고 쉬운 일만 찾아서 하는 경향이 강하다 보니 무슨 일을 해도 발전이 없다. 반면에 부지런한 사람은 어렵고 힘든 일을 견뎌내고 앞으로 나가려는 항마력이 강하며, 그 속에서 성취감을 느낀다.

옛말에 '하늘의 도는 부지런함에 보답한다'라고 했다. 우리에게는 오늘을 낭비할 권리가 있지만, 그게 영원히 보장되는 것은 아니다. 우리는 오늘을 충분히 활용하는 법을 잘 알고 있어야 한다. 오늘 성공의 초석을 다져야 내일 성공의 희망을 만들어낼 수 있기 때문이다.

게으름을 극복하려면 과감하게 이 저급한 습성을 뿌리 뽑아야 한다. 부지런한 습관이 일단 형성되면 심리적 안정과 즐거움이 찾아오고, 게으름도 더는 그 안에 발을 들여놓지 못한다. 그래서 게으름을 극복하기 위해 가장 직접적이고 효과적인 방법은 자신을 바쁘게 만드는 것이다. 그래야 게으름이 자신을 지배해 내일이 계속 이어질 거라는 생각에 사로잡혀 아무 일도 하지 않는 불상사를 막을 수 있다.

어떤 의미에서 볼 때 게으름은 일종의 타락이다. 그것은 우리의 영혼을 잠식해 앞으로 나아가는 법을 잊게 만들고, 너무 쉽게 우리를 무너뜨릴 수 있다. 게으른 사람이 큰일을 해낼 수 없는 이유는 간단하다. 현실에 안주하며 도전과 모험을 두려워하기 때문이다. 비바람을 겪어봐야 무지개를 볼 수 있는 법이다. 고생 끝에 낙이 온다는 말처럼 대가 없는 성공과 행복은 존재하지 않는다. 그러므로 게으름의 노예가 되어 파멸하기 전에 서둘러 그것과 싸워 이기는 법을 배워야 한다. 한순간의 방심을 틈타 우리 마음속에 자리 잡는 게으름이야말로 부지런함의 천적이다.

'현상 유지'에 매몰된 안일함에서 벗어나라

사람은 누구나 타성에 젖을 가능성이 있다. 자신이 처한 환경이 편안하고, 아무런 변화나 위험 요소가 없을수록 이런 타성은 자연스럽게 찾아온다. 타성에서 벗어나려면 자신을 새로운 환경에 두는 노력이 필요하다.

사례 S는 '미루기 대왕'이라고 불릴 만큼 심각한 미루기병에 걸려 있었다. 그녀는 수요일 날 집에서 가족과 식사하기로 약속을 했지만, 사무실에서 퇴근 후 7시가 넘을 때까지 인터넷 서핑을 하다가 너무 늦었다는 이유로 저녁 식사 약속을 깨버렸다.

다른 일화도 있다. 일요일 저녁에 그녀는 원래 금요일에 작성해야 했던 기획서를 아직 시작도 안 했음을 깨달았다. 기획서는 월요일에 출근하자마자 제출해야 하는 거라 더는 미룰 수 없었다. 그녀는 잠시 고민하다 내키치 않는 표정으로 컴퓨터 모니터 앞에 앉았다. 인터넷에 접속해 SNS 창을 열고 채팅하다 보니 어느새 새벽 2시가 되었고, 갑자기 마음이 조급해진 그녀는 밤을 꼬박 새우고서야 기획서 작성을 마칠 수 있었다.

미루기병에 걸린 사람들은 왜 자신에게 도움 되거나 혹은 필요한 일이라는 것을 알면서도 계속 그 일을 미루고 회피하는 걸까? 왜냐하면 사람은 누구나 현재 상태에 안주하고 싶고, 변화를 두려워하는 마음을 가지고 있기 때문이다. 그들은 지금 자신의 선택이 최선이 아님을 알면서도 쉽게 행동에 나서지 못한다.

이런 사례는 우리 주위에서도 흔히 볼 수 있다. 무언가를 해야 한다고 깨달았을 때 미루고 싶은 마음이 생기고, 결국 그 일을 미룬 경험은 누구에게나 있다. 그런데 어떤 일을 미루기로 했을 당시 무엇을 하고 있었는지 떠올려본다면 불가피한 경우는 극히 드물다. 그저 다른 일에 정신이 팔려 하고 싶지 않거나 무기력하게 아무것도 하고 싶지 않은 경우가 대부분이다.

그렇다면 우리는 왜 이 무기력의 늪에서 벗어나려는 한 발짝을 떼지 못할까? 그것은 현재 상황을 유지하고, 그 안에 안주하고 싶은 심리적 욕구가 너무 강하기 때문이다. 미루기병에 걸린 사람들에게 흔히 볼 수 있는 일상적 행동 사례들을 한번 살펴보자.

당신은 지금 소파에 앉아 드라마를 보고 있다. 내일 반드시 제출해야 하는 기획안을 쓰려면 당장 책상 앞에 앉아 일을 시작해야 하지만 당신은 소파에서 일어나고 싶지 않다. 왜일까? 그 이유는 당신이 안일한 생활 속에 빠져 헤어나지 못하기 때문이다.

'지금 이렇게 편한데 그 힘든 일을 하러 가야 해?'

당신의 잠재의식 속에서 이런 생각이 자리 잡을수록 움직이는 것이 귀찮아지게 된다. 이럴 때는 어떻게 해야 할까? 누군가가 당신에게 TV를 끄고 지금 당장 일하러 가라 한다면 당신은 분명 짜증을 내며 거부반응을 일으킬 수 있다. 그렇다면 '편안함'을 없애는 방법을 시도 해봐야 한다.

'TV를 끄는 일'과 '책상 앞에 가서 앉는 일' 사이에 존재하는 심리적 괴리감이 너무 크기 때문에 미루기병 환자에게 동작의 전환은 결코 쉬운 일이 아니다. 이때 일단 TV만 끄고 다음에 무엇을 할지 생각하지 말아보자. '일해야 하니 TV를 꺼야 해' 혹은 떠올리기만 해도 머리가 지끈거리는 일을 '당장 해야 한다'는 생각 자체를 떠올리지 않는 것이다. 이런 부정적인 생각에 사로잡히면 더 격렬하게 아무것도 하고 싶지 않기 때문이다. 그래서 당장은 'TV를 끈다'는 데 집중하고 다른 생각은 버려야 한다. TV를 끈 후 편안하고 즐거운 상태에서 벗어나면 의자를 떠나 TV와 책상 사이의 중간쯤으로 자리를 옮겨 다른 일을 시작한다. 물론 그 일이 다시 TV를 켜는 일이 되어서는 안 된다.

대다수 사람은 '현재 상황'에 중독되어 그 외의 모든 일을 회피하다 보니 변화를 끌어내지 못한다. 그러므로 현재 상황을 유지하면서 점진적으로 변화를 시도하는 것이 좋다. 많은 이가 충동적으로 어떤 일을 시도하고 단번에 그 일을 끝낼 수 있길 바란다. 하지만 실생활 속에서 이것이 긍정적 결과를 내는 경우는 극히 드물다. 특히 시간의 축적을 통해 숙성의 과정을 거쳐야 하는 일일수록 더욱 그렇다. 이런 식의 시도를 거쳐 실패를 경험한 사람은 마치 다이어트 실패 후 먹는 것에 더 집착하는 이처럼 현재 상황에 더 의존하며 안주한다.

변화를 시도하는 것은 좋지만 문제는 그 방법에 있다. 밖에 나가 달리는 게 싫다면 먼저 의자에서 벗어나 밖으로 나가 천천히 걸어보자. 집 밖으로 나가 걷는 게 습관이 되면 달리기에 관한 생각도 달라진다. 그런 식으로 우리는 현재 생활 혹은 작업 방식을 조금씩 바꿔 나아갈 수 있다.

흔히 사람의 본성은 바뀌기 힘들다고 말한다. 이와 마찬가지로 이미 뿌리 깊게 박혀버린 습관을 고치는 것 역시 쉬운 일은 아니다. 하지만 우리는 미루기와 게으름이 천성이 아님을 간과하고 있다.

사람은 누구나 안일함에 빠져들기 쉽고, 이것 역시 미루기의 근본 원인 중 하나라고 할 수 있다. 추진력을 높이고 싶다면 안일한 현재 상황에서 벗어나 '부지런하게 실행하는' 작업 모드로 전환하는 법을 배워야 한다. 그럴 때 비로소 미루기 습관에서 벗어날 수 있다.

사장의 기피 대상 1호,
게으르고 미루기를 좋아하는 직원

일상생활에서 게으른 사람은 어디에나 존재한다. 물론 게으르다는 말을 듣고 싶어 하는 사람은 없겠지만, 자신도 모르는 사이에 게으름뱅이의 일원이 돼 있을지도 모를 일이다.

예를 들어 아침에 일어나 이불을 정리하지 않은 채 '저녁에 또 와서 잘 텐데 굳이 갤 필요가 있겠어?'라고 생각하거나 옷을 아무 데나 벗어서 집을 돼지우리처럼 만들어놓고 산다 가정해보자. 당신은 이런 생활에 익숙해져 아무렇지 않을 수 있다. 하지만 어느 날 갑자기 손님이 찾아와 이 광경을 보게 된다면 그때도 과연 아무렇지 않을 수 있을까? 아마 자신의 치부가 드러난 것처럼 부끄러워져서 쥐구멍에라도 숨고 싶을 것이다.

이런 난감한 상황을 겪고 나면 다시는 그렇게 살지 않겠다고 자신에게 약속한다. 하지만 결국 그런 결심 역시 작심삼일로 끝나버릴 확률이 높다.

당신이 나태함과 타성을 극복했다면 당신의 인생은 이미 절반의 성공을 거둔 셈이다. 타성을 극복하고 나면 부지런한 생활 습관을 지닐 수 있고, 그 습관은 성공의 초석이 되기 때문이다.

타성은 인간의 천성이다. 하지만 게으름과 타성은 머릿속에서 유영하는 아주 작은 생각에 불과하다. 당신이 이 생각을 극복할 수만 있다면 게으름과 타성을 쫓아낼 수 있고, 이때 당신의 행동과 실천은 그 보상을 받을 수 있다. 일단 새로운 기술을 배우면 그 기술을 이용해 삶의 질을 높일 수 있고, 뒤이어 자기 삶을 주도하는 능력을 갖출 수 있다. 당신이 타성을 뿌리 뽑고 좋은 씨앗을 뿌렸다면 언젠가 그 결실을 볼 것이다.

사례 J는 대학을 졸업한 후 타이피스트로 취직했다. 그러나 자질구레하고 무미건조한 업무 내용을 타이핑하는 일의 반복이다 보니 어느새 입사 당시 성실했던 태도는 온데간데없이 사라졌다. 그러다 보니 작업할 서류가 딱히 없으면 채팅하거나 인터넷 서핑을 하며 시간을 보내기 일쑤였다. 또 그러다 보니 동료들이 작업할 서류를 가져올라치면 못마땅한 표정으로 불만을 터뜨리기 일쑤였다.

"이 정도 서류는 직접 해도 되지 않아? 내가 이런 일까지 해야겠어?"

때로는 채팅에 정신이 팔려 동료들이 부탁한 서류 작업을 등한시하는 바람에 회사 업무에 여러 번 차질을 빚기도 했다.

어느 날 팀장이 신입 사원 몇을 소개했는데, 그중 한 명이 타이피스트였다. 그녀는 드디어 업무를 나눠서 할 동료가 생겼다는 사실에 내심 쾌재를 불렀다. 잠시 후 팀장이 새로 뽑은 타이피스트를 데려와 그녀에게 소개하며 업무를 인수인계하라 말했다. 그녀가 당황해하며 그 이유를 물었다. 팀장의 대답은 간단했다.

"직원들 말을 들어보니 자네가 이 일을 하기 싫어하는 것 같다는 의견이 지배적이더군. 이 일이 안 맞는 것 같으니 다른 일을 알아보도록 하게."

그녀는 그 말에 아무런 반박도 할 수 없었다.

잠자는 거인보다 일하는 난쟁이가 더 훌륭한 법이다. 나태한 직원을 용납할 상사와 사장이란 존재하지 않는다. 더 많은 일을 할수록 능력은 강해질 것이고, 타인의 신뢰 또한 상승할 것이다.

사례 한 회사의 사장이 국제 비즈니스 콘퍼런스에서 연설하게 되었다. 일정에 맞춰 그를 수행하던 측근들은 발표 자료를 수집하고 준비하느라 눈코 뜰 새 없이 바쁜 나날을 보내야 했다.

사장이 출국하던 날 아침이 되자 각 부서의 팀장들이 공항으로 배웅을 나왔다. 그때 비서가 팀장에게 물었다.

"그 부서에서 책임지기로 한 내용은 문서로 다 작성하셨죠?"

그러자 팀장이 지친 표정으로 대답했다.

"어젯밤에 너무 피곤해서 밤샘 작업을 못 했어요. 어차피 사장님이 영어를 못하시잖아요. 제가 책임진 문서는 영문으로 되어 있어서 사장님이 비행기에서 먼저 검토하실 수 없을 거예요. 일단 사장님이 탑승하시고 나면 회사로 돌아가 문서 작업 마무리해서 팩스로 보낼 생각입니다."

그때였다. 사장이 다가와 팀장에게 물었다.

"자네가 맡은 자료는 다 준비된 건가?"

팀장은 자신의 생각을 사장에게 전하며 비행기에서 내리면 바로 확인할 수 있도록 조치해놓겠다고 했다. 그 순간 사장의 안색이 돌변했다.

"아직 준비가 안 됐다는 건가? 비행하는 동안 수행원들과 함께 연설에 쓸 내용과 데이터를 검토할 예정이었는데 자네 때문에 시간 낭비를 하게 생겼군!"

사장의 말에 팀장의 낯빛이 하얗게 질렸다.

사장은 직원의 나태함과 미루기 습관을 절대 용납하지 않는다. 그러므로 그 어떤 순간에도 자신이 사장의 계획을 설계할 수 있을 거라는 착각과 오만을 버려야 한다.

물론 부지런한 노력의 중요성을 잘 아는 사람들도 있다. 그들은 1분의 나태함이 1년 동안 쏟아부은 노력을 한순간 물거품으로 만들 수 있음을 잘 알고 있다. 부지런한 노력이든 미루기이든 이 모든 것은 한 사람의 정신적 통제력의 강약을 반영하고 있다. 당신이 미루기 습관에 굴복하면 결국 패배할 수밖에 없다. 이 나쁜 습관이 발전과 성장에 걸림돌이 되기 때문이다.

영원한 한패, 게으름과 미루기

게으름과 미루기는 늘 한패가 되어 우리의 생활을 엉망으로 만들어 버린다. 미루기병과 싸워 이기려면 오랜 세월을 거쳐 켜켜이 쌓인 나쁜 습관과 지구전을 벌여야 한다. 이 싸움은 하루아침에 싸워 이길 성질의 것이 아니다. 그래서 미루기병과 전투를 시작하려면 심리적 준비를 철저히 해야 하고, 단기간에 효과가 보이지 않는다고 포기해서는 안 된다.

사례 　길가에 사는 개구리 한 마리가 있었다. 어느 날 그 개구리가 평소처럼 도로 한가운데에서 햇볕을 쬐고 있을 때 다른 개구리 친구가 그를 불렀다.

"어이, 이봐! 내 말 들려?"

개구리가 눈을 게슴츠레 뜨고 소리 나는 곳으로 시선을 돌리자 밭에서 사는 개구리가 손을 흔들며 그를 부르고 있었다.

"어이, 거기서 자는 건 아주 위험해! 이리 와서 나랑 같이 살아! 여기 덥지도 않고 먹을 것도 많아. 게다가 안전하기까지 하다고!"

밭에 사는 개구리가 길가 개구리를 자신이 사는 곳으로 초대했다. 하지만 길가에 사는 개구리는 귀찮다는 듯 시큰둥한 반응을 보였다. 그는 다른 개구리가 자신의 생활에 참견하는 게 마음에 들지 않았다. 밭 개구리가 그를 생각해서 해준 말조차 고깝게 들렸다.

"난 여기서 사는 게 더 익숙하고 편해서 이사하기 귀찮아. 여기도 안전하고 먹을 게 모자라지 않은데 군이 밭으로 갈 필요가 뭐 있어."

밭 개구리는 어쩔 수 없다는 듯 고개를 가로저으며 발길을 돌렸다. 며칠 후 밭 개구리는 걱정이 되어 길가 개구리를 다시 보러 갔고, 그곳에서 차에 치여 죽은 길가 개구리를 보게 되었다.

이 우화에는 자신을 돌아보게 하는 힘이 있다. 사람들은 이 글을 읽고 난 후 이런 생각을 할 수 있다.

'내가 이런 나태한 마음과 귀차니즘에 빠져 살아간다면 길가의 개구리처럼 액운을 피하기 어렵지 않을까?'

대다수 사람은 이미 게으름에 물들어 있고 갑자기 자신을 바꾸는 것에 거부감을 느끼므로 단기간에 변화를 주기란 쉽지 않다. 하지만 자신의 게으름 때문에 불거지는 골치 아픈 결과물이 주는 고통을 생각하면 그것에서 벗어나고 싶은 것도 사실이다.

미루기병은 게으름과 별로 상관이 없어 보이지만 사실 미루기병의 원인과 게으름은 밀접하게 연관되어 있다. 게으름을 끊어내기만 해도 미루기병은 절반 정도 치료가 가능해진다.

미루기와 게으름은 일을 제때 끝내지 못하게 만드는 공범이다. 게으른 사람은 심리적으로 관성을 갖게 된다. 그들은 일을 대충대충 하는 것을 좋아하고, 자기 일에 대해 '지금 하는 일에서 새로운 돌파구를 마련하고 말겠다'는 강한 의지와 욕구가 없다.

한 연구기관에서 이탈리아 국민의 게으름 실태를 조사한 결과, 이탈리아 국민의 절반가량이 게으름뱅이에 속했다. 그들은 평소 운동이나 일을 하지 않아 신체 건강 지수가 비교적 낮은 것으로 나타났다. 이들 중 남성 35%, 여성 45% 정도가 오랜 시간 앉아서만 지내는 생활 습관을 지니고 있었다.

그런데 영국인의 게으른 생활 습관은 이탈리아인보다 한 수 위로 나타났다. 영국의 너필드 헬스(Nuffield Health) 기구가 조사한 데이터에 따르면 집에서 TV를 볼 때 영국인의 15%가 시청 중인 프로그램이 재미없어도 리모컨을 들고 다른 채널로 돌리는 일조차 귀찮아서 그냥 보는 것으로 나타났다. 절반이 넘는 영국인은 퇴근 후 산책하기는커녕 애완동물을 산책시키는 일조차 귀찮아했다. 36%는 버스가 바로 눈앞에서 출발하려고 하는데도 뛰는 게 귀찮아서 다음 차를 기다렸다. 59%는 고작 2층까지인데도 계단 오르기를 꺼렸다. 부모 중 64%는 일이 바쁘다는 이유로 아이와 놀아줄 시간을 내지 않았고, 이런 가정에서 자란 아이는 취학 연령이 될 때까지 운동량이 부족해 비만아가 되어갔다. 영국인이 게으름뱅이가 되어가는 이유는 일이 바쁘다는 것보다 편리한 시설, 인터넷 쇼핑, 리모컨 사용, 간접 경험에 지나치게 의존하기 때문인 것으로 나타났다.

게으른 사람은 인간관계에서도 결국 문제점을 드러낸다. 분명 자신이 저지른 실수인데도 다른 사람에게 그것을 대신 책임지게 만드는 결과로 이어지기 때문이다. 이런 일이 반복되면 상대방의 호의를 당연한 것으로 생각하고, 그렇게 되면 상대방 역시 등을 돌려버린다. 지금 우리 사회는 효율을 중시하며 모두가 치열한 경쟁 구도 속에서 앞만 보며 달려가고 있다. 이런 사회 풍조 속에서 게으름은 개인의 존재 가치를 갉아먹고, 인간관계를 끊어내고, 조직 안에서 외면받게 만드는 악의 축이다.

게으름의 대열에서 과감히 벗어나라

미루기와 싸워 이기고 게으름을 극복하고 싶다면, 입으로만 자신의 의지를 말하지 말고 바로 실행하는 것이 중요하다. 물론 이것은 하루아침에 그 성과를 볼 수 있는 문제가 아니다. 우선 이런 문제를 해결하려면 그 근본적 원인부터 찾아내야 한다. 누군가는 게으름을 전염병이라고 표현하기도 한다. 주변에 게으른 사람이 한 명 있으면 그 전파 속도가 매우 빠르기 때문이다. 서양 격언 중 이런 말이 있다.

'긍정적인 사람은 태양과 같아서 어디든 밝게 비추지만, 부정적인 사람은 달과 같아서 초하루부터 보름까지 그 모양이 다 다르다.'

어떤 사람과 같이 있느냐에 따라 어떤 인생을 살게 될지 결정되기도 한다. 부지런한 사람과 함께하면 게으른 사람이 되지 않을 수 있고, 긍정적인 사람과 같이하면 우울해지는 것을 막을 수 있다. 따라서 자기 통제력이 부족해서 게으른 동료의 영향을 받을 가능성이 크다면 그들을 멀리하는 것이 가장 좋다. 그렇지 않으면 그들이 퍼트린 바이러스에 전염되어 결국 당신 역시 게으른 사람이 될 가능성이 아주 크다.

사례 D는 규칙적인 생활을 하며 매일 아침 6시 반에 일어났다. 하지만 대학에 들어간 후 기숙사 친구들이 모두 늦게 일어나다 보니 눈을 떠도 밖이 너무 고요하더란다. 결국 그도 바로 일어나지 않고 침대에 누워 휴대전화를 보거나 노래를 들으며 시간을 보내는 습관에 서서히 물들어갔다. 그는 이렇게 시간을 보내다 7시 30분이 되어서야 벌떡 일어나 세수를 하고 강의실로 향했다. 그런데 아직 이른 시간이다 보니 강의실에 와 있는 학생이 그리 많지 않았다. 그 후로 그는 이런 결론에 도달했다.

'7시 30분에 일어나서 서둘러 올 필요가 없었네. 다음에는 7시 40분에 일어나야겠어. 그럼 늦지 않고 강의 시간에 딱 맞춰 올 수 있고, 잠도 좀 더 잘 수 있잖아. 그래, 다음부터는 7시 40분에 일어나자.'

그는 방 청소하는 것을 좋아했다. 그도 그럴 것이 예전에는 집에서 방을 혼자 쓰다 보니 치우는 시간이 얼마 걸리지 않았고, 쓰레기도 많지 않아 청소할 게 별로 없었다. 하지만 기숙사생활을 하면서 '상남자' 몇 명과 함께 방을 쓰게 된 후 그 역시 자신의 남자다운 모습을 드러내기 위해 옷을 벗어 아무 데나 팽개쳐두고, 한꺼번에 모아두었다가 세탁을 하며 정리 정돈과는 거리가 먼 생활에 물들어갔다.

졸업 후 그는 직장생활을 시작하면서 바싹 긴장하고 패기 넘치는 신입 사원의 면모를 보였다. 사장이 업무 지시를 내리면 즉시 일을 처리했고, 업무 태도 역시 성실했다. 그러던 어느 날 그는 동료에게 서류를 넘겨주러 갔다가 그의 컴퓨터 화면에 떠 있던 채팅창을 우연히 보고 한동안 허탈한 감정에 휩싸였다. 업무 틈틈이 채팅을 즐기거나 인터넷 서핑을 하는 동료들과 달리 그동안 근무 시간 내내 오로지 업무에만 충실했던 자신이 고지식하고 손해를 보았다는 느낌까지 들었다. 그 후 그들에 뒤질세라 다른 동료들처럼 근무 시간 틈틈이 채팅하며 점점 나태함에 빠져들었다.

근무 시간에 다른 일을 하는 행위는 여기서 그치지 않았다. 얼마 후 그는 영업을 뛰는 동료가 외근을 나간 후 대부분 시간을 카페에서 커피를 마시거나 개인적 볼일을 처리하며 보낸다는 사실을 알게 되었다. 이후 그는 근무 중에 요령을 피우며 전보다 더 많은 시간을 다른 일에 썼다. 그렇게 그의 나쁜 습관은 그의 좋은 습관을 하나하나 무너뜨렸다.

게으른 사람들의 파급력은 왜 그렇게 클까? 그 이유는 바로 우리가 자신의 주의력을 그들에게 집중하고, 자기 일에 공을 들이지 않기 때문이다. 근무 시간에 업무 외의 다른 일을 하는 사람을 보면 대다수 사람은 그들이 자신의 업무를 이미 다 마무리 짓고 잠시 여유 시간을 가질 가능성 따위는 전혀 염두에 두지 않는다. 그래서 괜히 그들을 흉내 내다가 할 일을 마무리하지 못하고 야근하는 신세가 되는 것이다.

물론 다른 사람은 근무 시간에 요령을 피우는데 왜 자기 혼자 성실하게 일을 해야 하느냐는 억울한 마음이 들 수도 있다. 이런 마음이 그들을 따라 하고 싶은 충동을 일으키기도 한다. 하지만 한 발짝 물러서서 자신에게 초점을 맞춘다면 억울함이 아니라 성취감을 그 자리에 채울 수 있다. 게다가 주어진 업무를 제시간에 끝내고 성취감을 느낄 때 그 사람들은 초과 근무를 하며 나쁜 습관의 악순환을 반복할지도 모른다.

어쨌든 우리는 '게으른 사람'들을 상대로 어떤 일에 대해 논쟁을 해서는 안 된다. 그렇게 해봤자 우리의 적극적인 일 처리 습관만 타격을 받을 뿐이다. 집에서 가장 흔히 볼 수 있는 일을 예로 들어보자. 퇴근 후 집에 돌아온 아내가 마주해야 하는 집안 풍경이 소파에 널브러져 TV를 보는 남편과 과일 껍질이랑 과자 봉투로 어질러져 있는 테이블 등과 같은 모습이라면 기분이 어떨까? 아내는 퇴근 후에도 청소하고 식사를 차려야 한다는 생각에 화가 치밀어 오르고, 집안일을 도와주지 않는 남편에게도 짜증이 날 수밖에 없다. 결국 이런 일은 부부 싸움으로 이어지는 도화선이 된다. 하지만 이렇게 싸운다고 해서 발전적 결론은 기대할 수 없다. 오히려 서로의 자존심을 내세우며 상대방이 안 하면 나도 절대 할 수 없다는 신경전으로 이어진다.

우리는 게으른 사람의 말과 행동에 쉽게 현혹되어서는 안 된다. 어차피 해결해야 할 문제를 그런 사람들의 태도에 현혹되어 미루면 결국 그 화가 본인에게 미치며 발전에 걸림돌로 작용하기 때문이다. 게으른 사람 대다수는 자신이 맡은 일을 혼자 해낼 수 없을 때 다른 사람에게 도움을 청하고, 그들이 자기 대신 그 일을 끝내주기를 바라는 마음을 가지고 있다. 이런 일을 피하려면 어떻게 해야 할까? 우선 조직 내에서 분업을 철저히 시행해 각자 감당할 만큼의 몫을 정하고, 제때 일을 처리하지 못할 경우를 대비해 위험부담을 줄여야 한다. 옛말에 '먹을 가까이하면 검어진다'라고 했다. 이런 상황을 피하려면 게으른 사람을 멀리해 그들의 나쁜 습관에 전염되지 않도록 하는 것이 무엇보다 중요하다.

미 루 기
극 복 과
전 진 모 드

CHAPTER 7

미루기와 완벽주의 :
허울뿐인 완벽주의 버리기

고집과 집착에서 벗어나면 보이는
불완전함 속의 완벽한 아름다움

어떤 이들은 자신이 완벽한 사람이기를 바라고, 그렇기에 늘 자신
의 단점을 들킬까 봐 전전긍긍한다. 사실 세상에 완벽한 사람은 없고
누구나 단점을 지니고 있다. 사람과 일에 대한 요구 조건이 지나치게
높아지고 완벽만 애써 추구하다 보면, 단점이나 부족한 점을 받아들
일 수 없게 된다. 삶의 근심과 걱정은 바로 여기서부터 시작된다. 사물
혹은 사람에게 존재하는 결함은 결코 나쁜 게 아니다. 결함이 있어야
비로소 완벽에 가까워지기 위해 더 노력할 수 있다. 살다 보면 십중팔
구 뜻대로 되지 않는 법. 세상에 완벽한 사물이란 존재하지 않는다.
한사코 완벽함을 추구하는 것 역시 일종의 불완전함이다.

사례 산중의 한 사찰에 스님 수십 명이 지내고 있었다. 어느 날
주지 스님이 자신에게 남은 시간이 얼마 없다는 것을 깨닫고 제자 중

에서 후계자를 뽑고자 했다. 그런데 제자들 모두 나무랄 데 없이 훌륭하다 보니 그는 누구를 선택해야 할지 고민하지 않을 수 없었다.

　며칠 후 그는 한 가지 묘책을 생각해냈다. 그는 제자 모두를 불러 모은 뒤 산에서 가장 완벽하다고 생각하는 나뭇잎을 골라 오라고 시켰다. 제자들은 영문도 모른 채 주지 스님이 시키는 대로 산으로 향했다.

　산에 올라간 그들은 넘쳐나는 나뭇잎 중 어떤 게 가장 완벽한 것인지 고민에 빠졌다. 그들은 어떻게 해야 좋을지 난감했지만 주지 스님의 말을 거역할 수도 없어 산을 돌아다니며 완벽한 나뭇잎을 찾고자 노력했다. 하지만 다들 날이 저물 때까지 열심히 산을 돌아다녀도 '가장 완벽한 나뭇잎'을 찾지 못했다. 그중 단 한 명의 어린 스님만이 이런 생각을 해냈다.

　'이 많은 나뭇잎이 어쩜 이렇게 하나하나 독특한 아름다움을 가지고 있을까?'

　어린 스님은 그 나뭇잎 중 아무거나 하나를 집어 일찌감치 사찰로 돌아왔다. 다른 스님들은 날이 저물어서야 돌아왔는데, 모두 빈손이었다. 주지 스님이 그들에게 물었다.

　"아무도 찾지 못했느냐?"

　그들의 대답은 똑같았다.

　"최선을 다해 찾아보았지만 가장 완벽한 나뭇잎을 찾지 못했습니다."

　그때 어린 스님이 대수롭지 않게 나뭇잎 하나를 주지 스님에게 건넸다. 주지 스님이 놀라며 물었다.

　"이것이 가장 완벽하다고 확신하느냐?"

　"네. 스님께서 말씀하신 가장 완벽한 나뭇잎이 어떤 것인지는 모르겠으나, 전 제가 가져온 나뭇잎이 가장 완벽하다고 생각합니다."

그날 주지 스님은 나뭇잎을 주워온 그 어린 제자를 자신의 후계자로 정했다.

주지 스님의 제자 대부분은 최선을 다해서 산을 돌아다녔지만 '가장 완벽한 나뭇잎'을 찾지 못했다. 그 이유는 그들이 '세상에 완벽한 것은 없다'라는 이치를 전혀 이해하지 못했기 때문이다.

"나는 일에 나의 모든 시간과 열정을 쏟아부었고, 그 결과 승진의 목적을 달성했습니다. 이 정도면 완벽한 것 아닙니까?"

누군가는 이렇게 자신을 평가할지도 모른다. 그런데 흔히 생각하는 '완벽'은 사람들 마음속에 존재하는 아름다운 착각에 불과할 때가 많다. 모든 일의 발전 과정이 상대적이라는 것을 망각했기 때문이다. 한쪽이 완벽해 보인다고 다른 한쪽마저 완벽하기는 어렵다. 예를 들어 어떤 사람이 한 분야에서 자신의 모든 것을 쏟아부어 성공을 거두었다면, 그 이면에는 가족과 건강의 희생이 따랐을 가능성이 크다.

완벽을 추구하는 것은 인간의 천성이고, 이것을 부정적 시각으로 볼 이유도 없다. 인간은 완벽을 추구하는 과정에서 끊임없이 자신의 단점을 보완하며 더 나은 미래를 만들어가고 있다. 다만 사소한 결함이나 단점조차 용납하지 못한 채 완벽을 추구하는 일에 매달린다면 삶은 균형을 잃고 불행해질 수밖에 없다. 그 사소한 결함을 메우기 위해 불필요한 시간과 정력, 자원을 낭비해야 하기 때문이다. 단언컨대 100% 완벽한 것은 세상에 존재하지 않는다. 우리가 말하는 완벽은 지극히 매혹적이고 아름다운 함정일 뿐이다. 사람은 누구나 허물이 있다. 이렇게 부족한 면이 존재해야 더 열심히 노력해 그것을 극복하고 발전할 수 있다.

대초원에 '심바'라는 이름의 위풍당당한 사자 한 마리가 살았다. 어린 심바는 초원에서 가장 완벽한 사자가 되겠다는 꿈을 품고 있었다. 몇 번의 경험을 통해 심바는 사자의 최대 약점을 알아냈다. 사자는 동물의 왕이라고 불리지만 장거리 달리기를 할 때만큼은 영양보다 지구력이 훨씬 떨어졌다. 그래서 심바는 바로 코앞에 있던 영양과 추격전을 벌이다 번번이 놓치기 일쑤였다. 심바는 자신의 이 약점을 고칠 방법을 열심히 강구하기 시작했다. 그는 오랫동안 영양을 관찰한 끝에 영양의 지구력이 풀을 먹는 습성과 관련이 있다고 결론을 내렸다. 그래서 그는 지구력을 높이기 위해 영양처럼 풀을 먹으며 살았다. 하지만 시간이 지날수록 심바의 체력은 급격히 떨어지기 시작했다.

어미 사자가 이 상황을 알아채고 그를 타일렀다.

"애야, 우리가 밀림의 왕이 될 수 있었던 건 타고난 단점이 하나도 없어서가 아니란다. 우리는 오랜 기간 초원에서 우리의 단점을 극복하고자 노력해왔고, 그렇게 다른 동물을 뛰어넘는 강한 존재가 될 수 있었던 거란다. 우리는 순간적으로 폭발하는 힘과 관찰력 그리고 먹이를 단번에 낚아채는 순발력을 가지고 있어. 한사코 완벽한 것만 추구하다 보면 우리가 가진 이런 타고난 장점을 제대로 활용하지 못할 거고, 결국 네가 꿈꾸는 밀림의 왕이 되어보지도 못한 채 그저 그런 사자로 남게 되겠지."

어미 사자의 충고 덕분에 심바는 자신이 착각에 빠져 있었음을 깨달았다. 그날 이후 심바는 자신의 장점을 갈고닦으며 누구도 넘보지 못할 강한 사자가 되고자 노력했고, 2년 후 마침내 초원에서 가장 강하고 멋진 사자로 거듭났다.

누군가는 모든 일이 뜻대로 되기를 바라기보다 양심에 부끄럽지 않기를 바라야 한다고 말한다. 이 세상에는 진정한 의미의 완벽함이 존재하지 않는다는 것을 알아야 한다. 완벽을 추구하는 것은 그저 삶의 한 과정이자 이상에 불과할 뿐이며, 양심에 부끄럽지 않게 사는 것이야말로 일종의 완벽이라고 말할 수 있다.

아홉 길 높이의 산을 쌓는 데 한 삼태기의 흙이 모자라 성공을 눈앞에 두고 실패한다면 이처럼 안타까운 일도 없을 것이다. 하지만 '금 중에 순금이 없듯이 사람도 완벽한 사람은 없다'는 말은 만고불변의 진리다. 인생에는 늘 뜻대로 되지 않는 일들이 있기에 안타까움을 자아내지만, 그럴 때일수록 평정심을 유지하고 이해득실과 승패에 초연할 줄 알아야 한다. 그래야 공중누각과 같은 완벽을 추구하느라 자신의 심혈을 쏟아붓는 어리석은 행동에서 벗어날 수 있다.

완벽보다 마무리에 집중하기

우리 주변에는 능력도 출중하고 성실하지만, 그들보다 능력이 미치지 못하는 사람에게 밀려 눈에 띄는 성과를 내지 못하는 사람들이 있다. 그런 결과가 도대체 왜 나올까? 다른 요소를 모두 배제한 상황에서 보자면 그들은 완벽주의의 늪에 빠져 있을 가능성이 크다.

어떤 일의 계획이 세밀하지 못하다고 느꼈을 때 그것을 완벽하게 만들려다 일을 자꾸 뒤로 미룬다거나, 쇼핑할 때 할인이나 판촉 행사에 나온 좋은 제품을 싸게 살 기회가 생겼는데도 하자가 있을 거라고 판단해 거들떠보지도 않는다거나, 상사가 지시한 보고서를 작성하다가 마음에 들지 않는 방안이 보이자 그 문제점을 증명할 자료를 찾느라 정작 보고서를 제때 작성해 넘기지 못한다거나…….

당신에게 이런 비슷한 특징이 있다면 당신 역시 완벽주의자일 가능성이 있다. 완벽주의자는 사소한 부분에 집착하고, 일을 잘해내려면 그런 요소 하나하나를 고려해야 한다는 강박증을 앓고 있다. 그렇지만 세상에는 절대적인 완벽함이 존재하지 않고, 그것은 단지 사람들의 아름다운 바람에 지나지 않는다. 우리는 어떤 일을 할 때 완벽함보다 그걸 마무리 짓는 것에 더 초점을 맞춰야 한다. 예를 들어 상사가 업무를 지시했을 때 그가 주목하는 것은 흠집 하나 없는 예술품이 아니라 일의 성과일 뿐이다. 우리가 그중 드러날 수 있는 허점에만 초점을 맞춘 채 결과물을 내지 못한다면 상사의 눈에는 일을 제대로 하지 못하는 무능한 직원으로 비칠 뿐이다. 게다가 절대적으로 완벽한 일은 존재하지 않는다. 뛰어난 업무 효율을 지닌 능력자라고 해도 '80% 원칙'을 고수한다. 다시 말해서 이것은 20%의 결함이 생길 가능성을 염두에 둔다는 것을 의미한다.

우리 주변을 주의 깊게 관찰해보면 미루지 않고 일하는 사람들은 대부분 융통성이 뛰어나다. 그들은 항상 80%면 된다는 마음가짐으로 누가 봐도 힘든 업무를 완수해낸다.

반면에 완벽주의자는 시간과 열정을 사소한 문제에 과도하게 쏟아붓느라 진짜 해야 할 일을 미루거나 늦게 처리하는 경향을 보인다. 이상 속에 존재하는 완벽한 모습에 이를 때까지 포기하지 않는 것은 자신과의 힘겨루기에 불과하다. 이런 상황이 지속되면 미루기 습관에 물들 뿐 아니라, 심리적으로도 풀리지 않는 응어리 때문에 갈수록 무거워지는 마음의 무게를 감당할 수 없게 된다.

사례　시나리오 작가 C는 시나리오를 공부하기 시작한 날부터 자신의 스토리 구성 능력에 자부심을 드러냈다. 그는 자신이 쓴 작품이 언젠가 큰 성공을 거둘 거라고 믿으며 작품에 대해 비정상적일 만큼 엄격했고, 조금의 허점도 허용하지 않았다.

그는 신인이었지만 자신의 실력만큼은 신의 경지에 올라 있다고 믿었기 때문에 작품을 보여주기만 하면 영화사에서 앞다투어 연락이 올 거라고 확신했다. 하지만 한편으로는 제작자들에게 보석을 알아보는 눈이 없을까 봐 걱정이 앞서기도 했다.

일단 시나리오를 거절당하면 실력이 없다는 뜻이고, 그 순간부터 그의 재능은 한순간에 폄하되고 사람들에게 외면당하게 될 것이다. 그는 그런 결과를 받아들일 자신이 없었다.

그래서 그는 고민을 거듭하다가 작업에 착수하지 못했고, 시나리오 작업이 어느 정도 진행되었냐는 주변 사람들의 물음이 올 때마다 그저 에둘러 말할 뿐이었다.

"내가 시나리오를 다 쓰기만 하면 대박이 터질 거야."

이렇게 그는 결과에 대한 두려움 때문에 결과물을 만들어내지 못한 채 완벽만 추구하는 병에 걸리고 말았다.

이제 막 자신의 작품을 알려야 하는 신인이 높은 경지에 오른 작가가 될 수 있을까? 물론 가능하다! 다만 시간과 노력과 경험의 축적이 필요하고, 동시에 운도 따라줘야 한다. 그렇다면 신인이 단번에 신의 경지에 오를 수 있을까? 당연히 불가능하다! 그게 가능하다면 신의 존재가치가 흔들릴 만한 일이 될 것이다.

자신에게 높은 잣대를 대고, 기대치가 높다는 것은 잘못된 행위가 아니다. 높은 목표가 없다면 발전의 동력 역시 얻을 수 없기 때문이다.

언젠가 이런 우스갯소리를 들을 적이 있다. 한 남자가 결혼 정보업체를 찾아가자 두 개의 문이 보였다. 한쪽 문에는 '예쁜 여자', 또 다른 문에는 '그 외'라고 적혀 있었다. 그가 '예쁜 여자'라고 적힌 문을 열고 들어가자 또다시 두 개의 문이 나타났다. 한쪽 문에는 '젊은 여자', 다른 쪽에는 '그 외'라고 쓰여 있었다. 그는 '젊은 여자'라고 적힌 문을 열었다. 그가 이런 식으로 아홉 개의 문을 열고 마지막 문에 도착했을 때 그 위에는 이렇게 적혀 있었다.

'그렇게 완벽한 조건을 갖춘 사람을 찾고 계신다면 결혼을 포기하거나 천국에 가서 찾아보세요!'

물론 황당한 유머에 불과하지만, 이 세상에 완벽한 사람은 없다는 걸 말해주는 이야기일 터다. 일과 생활 속에서 발생하는 고민은 대부분 완벽을 지나치게 추구하기 때문에 생겨난다. 우리가 자신에게 지나치게 완벽한 잣대를 대거나 무슨 일이든 완벽한 것에만 초점을 맞춘다면, 우리는 그 외의 많은 걸 잃게 될 것이다. 거듭 말하지만, 이 세상에 완벽한 것은 존재하지 않는다. 맹목적으로 완벽을 추구한다고 해서 그 결과물이 완벽해질 리 없다.

한마디로 인생은 완벽하지 않고, 우리의 일과 삶 속에는 늘 만족스럽지 않은 부분이 존재한다. 사실 완벽을 추구하는 사람들은 맹목적인 경향을 띤다. '완벽함'이란 무엇일까? 완벽은 완벽한 아름다움이다. 이것이 가능할까? 모든 일에 절대적이고 완벽한 것은 없다. 세상에 완벽한 것이 없는 이상 완벽을 추구하는 건 맹목적인 행동 그 이상도, 그 이하도 아니다.

완벽을 향한 강박증이 만들어낸
파멸의 '블랙스완'

　'불완전에 대한 불안장애'를 가진 사람 대부분은 완벽을 추구해야 한다는 강박증 속에서 장기간 살아왔고 실패를 두려워한다. 그러다 보니 완벽을 추구하는 것이 습관처럼 굳어졌고, 완벽할 수 없을까 봐 두려운 나머지 자신을 둘러싼 모든 것을 의심하고 엉뚱한 생각을 한다. 심리학자들은 이런 현상을 '부정적 완벽주의'라고 부른다.

　부정적 완벽주의는 자신을 보호하는 데 목적을 둔 사고방식이다. 이런 사고방식을 가진 사람은 자신의 결점 때문에 다른 사람에게 존중받지 못할까 봐 사소한 일에 더 집착하고 매달린다.

　대부분의 부정적 완벽주의자는 자신이 속한 영역에서 좋은 성과를 거두고, 조직 내에서 표면적으로 조화를 이룬다. 다만 그들은 일을 마무리 짓는 것에 만족하지 않고, 한 발짝 더 나아가 모든 일을 완벽하게 해내려 한다.

그들의 생각을 심층적으로 파고 들어가면 한 가지 놀라운 관점을 발견할 수 있다. 그들의 사고는 극단으로 치닫는 경향이 아주 강하다. 그들은 일단 한 가지 사실을 인정하거나 혹은 결심하면 다른 상반된 의견에 대해 상당히 신경질적으로 반응한다. 한마디로 고집불통 그 자체라고 해도 과언이 아니다.

 사례 2010년 개봉한 대런 아로노프스키(Darren Aronofsky) 감독의 영화 〈블랙스완〉. 여주인공 니나는 뛰어난 실력을 지닌 발레리나였고, 무대 위에 오를 때면 완벽한 연기로 갈채를 받았다. 한 오디션에서 그녀는 피나는 노력 끝에 주인공 역할을 맡게 되었다. 감독은 그녀에게 순수하고 흠잡을 데 없이 아름다운 백조와 매혹적이고 사악한 흑조 역을 완벽하게 연기해달라고 요청했다. 완벽주의자 니나는 백조 역할을 더할 나위 없이 훌륭하게 해냈다.

하지만 그녀는 사악한 자신의 모습을 받아들일 수 없었던 탓에 흑조 역만큼은 한 번도 만족스럽게 표현해내지 못했다. 그녀는 자신을 '사악' 혹은 '어둠' 속으로 끌고 들어가는 것에 과도하게 긴장하며 거부감을 느꼈다. 그럴 때마다 그녀는 자신을 벌주거나 심지어 학대하기까지 했다. 완벽한 흑조를 연기하고 싶었던 그녀는 신경쇠약과 강박증에 시달렸다. 계속되는 다이어트로 몸은 점점 말라갔으며 심지어 마약에까지 손을 대고 육체적 욕망에 탐닉했다. 그렇게 그녀는 기존의 우아하고 기품 있었던 순백의 이미지를 완전히 뒤집어버렸다.

지옥과도 같은 고통의 강을 건너고 나서야 그녀는 마침내 원하는 바를 얻어낼 수 있었다. 그녀는 무대에서 자신을 온전히 내려놓고 매혹적이고 자유분방하며 도발적인 흑조가 될 수 있었는데, 그녀의 연기는 감독과 관객의 호평을 끌어냈다.

그렇지만 그녀는 여전히 자신의 연기에 만족하지 못했고, 주변 사람들의 평가마저 의심하기 시작했다. 노이로제 증상은 점점 더 심각해져 경쟁자가 자신의 역할을 빼앗기 위해 음모를 꾸미고 있다는 착각에까지 빠져들었다. 그녀는 자신을 더 혹사하며 완벽해지기 위해 노력했고, 그것은 광기에 가까운 집착증으로 이어졌다. 그녀의 정신착란 증세는 계속 악화하였고, 그녀는 환각과 망상으로 가득 찬 세계에서 헤어나오지 못했다.

니나는 예술의 정점에 도달하며 백조와 흑조를 넘나드는 완벽한 연기를 선보이는 데 성공했지만, 그 대가는 너무나 참혹했다. 그리고 그녀는 심각한 망상에 시달리다 자신이 가장 사랑했던 무대 위에서 그토록 바라던 완벽한 연기를 끝내고 쓰러졌다.

영화 속 니나처럼 과도할 정도로 완벽함을 추구하던 유명인 중에는 홍콩 배우 장궈룽(張國榮), 일본의 극작가 미시마 유키오(三島由紀夫), 오스트리아 출신의 작가 슈테판 츠바이크(Stefan Zweig) 등처럼 스스로 생을 마감한 예도 적지 않다. 그들은 각자의 분야에서 가장 눈부신 활약을 하던 스타였지만 전성기를 지나 내리막길에 접어들 즈음에 무너져내렸다. 이런 처참한 결말을 초래한 원인 중 하나가 바로 그들이 매달렸던 완벽주의다. 완벽은 자신의 분야에서 성실하게 최선을 다하고자 하는 프로정신의 또 다른 이름일 수 있다. 하지만 그런 완벽함을 과도하게 추구하다 보면 심리적 균형을 잃고 심각한 불안증을 초래할 수 있다.

어떤 의미에서 보면 그들의 완벽주의는 이미 '완벽' 자체가 가져다 주는 긍정적 의미를 잃어버렸고, 심지어 자아 성장을 가로막는 족쇄로 변해버렸다. 그들은 과도하게 신중하고, 실수를 두려워하고, 세부적인 부분과 계획에 집착하고, 타인의 평가에 민감하다.

순도 100%의 금은 없다

흔히 열심히 노력해야 계속 발전할 수 있다고 말한다. 이렇게 살아야 자기 삶을 더 완벽하고 행복하게 만들 수 있다는 방면에서 생각해보면 긍정적인 의미로 다가오는 말이기도 하다. 그런데 우리 주변에는 자신한테 과도하게 가혹한 사람들이 존재한다. 그들은 무슨 일을 하든 100% 완벽하게 해내야 하고, 조금의 실수도 용납하지 않으며 자신의 몸과 마음을 혹사한다. 물론 우리는 완벽을 추구하는 마음으로 모든 일에 최선을 다해야 하지만 '완벽' 자체를 목표로 삼아서는 안 된다.

어떤 사람들은 실패를 용납하지 않기 때문에 완벽하게 해낼 수 없다면 차라리 하지 않는 편이 낫다고 생각한다. 일반적으로 그들은 추진력과 집행력이 뛰어난 사람들보다 사고의 유연성이 훨씬 떨어진다. 그래서 일단 심리적으로 부정적인 감정에 휩싸이면 의욕을 잃고 바로 그 일을 미뤄버린다.

무역 회사의 팀장인 W는 '연애할 시간조차 없다'는 말을 농담처럼 하며 매일 눈코 뜰 새 없이 바쁘게 일만 했다. 그녀가 다니는 회사는 그리 큰 규모는 아니었지만, 매일 처리해야 할 일이 많았다. 하지만 그녀가 날마다 정신없이 바쁜 이유는 정작 다른 데 있었다. 그녀는 무슨 일이든 자신이 직접 나서지 않으면 안 된다는 강박증과 모든 일을 완벽하게 처리하지 못할까 봐 전전긍긍하는 불안증까지 가지고 있었다.

한번은 해외 바이어가 사업상 문제를 논의하기 위해 회사를 찾아왔다. 미팅이 끝난 후 그녀는 처리할 업무가 너무 많아 다른 직원을 대신 보내 식사를 대접할 작정이었다. 하지만 불안증이 도진 그녀는 고민 끝에 자신도 직접 식사 자리에 참석하기로 마음먹었다. 그런데 그 식사 자리에서 술이 몇 잔 오가면서 문제가 생겨버렸다. 술을 잘 못하는 그녀는 어쩔 수 없이 받아 마신 술 몇 잔에 취한 채 일이 힘들다는 둥 월급이 너무 적다는 둥 회사에 대한 불만을 쏟아냈다.

다음 날 술에서 깬 그녀는 전날 저녁의 술자리를 떠올리며 절망했다. 식사 자리에 동석한 직원이 이미 자신의 추태를 사장에게 전했을 거고, 회사의 이미지를 실추시켰으니 인사고과에서 불이익을 받을 게 뻔했다. 이 일 때문에 그녀는 종일 정신 나간 사람처럼 업무에 집중하지 못한 채 불안에 떨어야 했다.

퇴근 무렵, 그녀는 엘리베이터에서 어젯밤 같이 있었던 직원과 마주쳤고, 난처한 표정으로 인사를 건넸다.

"어제 고생 많았어요."

"팀장님이 더 고생 많으셨죠. 팀장님 아니었으면 집에도 못 갈 뻔했어요."

"어제 나만 취한 게 아니었어요?"

"네……."

그녀는 그제야 자신이 마음 졸인 일이 전혀 일어나지 않았음을 깨달았다.

자신에게 엄격한 사람인 W는 술을 마신 후 실언한 일 때문에 불이익이 생길까 봐 전전긍긍했고, 그러느라 자기 업무에 스스로 지장을 주었다. 하지만 결과적으로 그 모든 것은 그녀의 기우에 불과했다.

우리 주위에는 이런 사람이 적지 않다. 그들은 사소한 일에 지나치게 집착하고, 자신과 타인에 대한 기준이 과도하게 엄격해 늘 만족할 줄을 모른다. 일반적으로 그들은 고지식하여 일의 효율성이 떨어지고, 어떤 환경에서든 순응하며 만족할 줄 아는 유연성이 떨어진다.

더군다나 이런 부류의 사람은 우월하고 완벽해 보이지만 정작 주변에 친구가 별로 없다. 그들의 완벽함이 도리어 다가가기 쉽지 않은 이미지를 만들기 때문이다. 그러므로 '완벽'에 집착하며 자신을 몰아붙이기보다는 삶의 여유를 갖는 노력이 필요하다.

물론 자신이 원하는 기대치가 높다는 것은 목표를 향해 나아갈 추진력이 되어준다. 하지만 이런 긍정적인 면도 그 도를 넘어서면 도리어 역효과를 낼 수 있다. 자신한테 지나치게 엄격하고 많은 것을 요구하다 보면 결국 심리적 압박에 짓눌리며 극단으로 치달을 수 있다. 예를 들어 작은 실수를 했을 뿐인데도 지나치게 후회하고 심지어 자신을 비하한다. 과하게 자신을 통제하려는 사람들은 자기 행동이 옳은

지 그른지 늘 신경 쓰기 때문에 그야말로 피곤한 삶을 산다.

완벽을 추구하는 마음이 정도를 지나치면 실타래가 엉키듯 마음속에 풀리지 않는 응어리가 생긴다. 소위 마음의 병은 이런 식으로 자기도 모르는 사이에 만들어진다.

독일의 대문호 괴테는 '누구든 인생을 가지고 노는 자는 아무것도 이룰 수 없고, 자신을 다스리지 못하는 자는 영원히 노예가 될 것이다'라는 명언을 남겼다. 대부분 사람은 자신을 향한 높은 잣대 때문에 인생의 목표를 실현해내기 어렵고, 심지어 외적 간섭에 쉽게 좌지우지되어 목표와 정반대의 길을 가기도 한다. 자신한테 지나치게 엄격하면 부작용이 생길 수밖에 없다.

'순도 100%의 순금은 존재하지 않는다.'

이 말처럼 세상에 완벽한 것은 없고 사람 역시 예외가 아님을 마음에 새겨둘 필요가 있다. 누구든 말과 행동에서 약간의 실수를 하기도 하고 부족한 면을 보인다. 사람은 항상 완벽하기를 원하지만, 영원히 완벽할 수 없다. 그러므로 자신과 타인한테 과도하게 높은, 비현실적인 잣대를 대서는 안 된다.

피할 수 없다면 받아들여라

세상에 우리가 뛰어넘을 수 없는 벽은 너무 많이 존재한다. 우리에게는 모든 일을 바꿀 능력이 없다. 따라서 바꿀 수 있는 것은 바꾸되, 바꿀 수 없는 것에 대해서는 미련을 갖지 말아야 한다. 그래야 우리의 삶과 일이 편안히 지속될 수 있다.

사람은 누구나 태어나서 죽을 때까지 수많은 일을 겪는다. 그 속에는 행복도 있고, 불행도 있다. 강인하고 적극적인 사람이 되려면 행복을 기쁘게 받아들이는 것뿐 아니라 불행 역시 담담하게 감당하는 법을 배워야 한다. 불행을 견뎌내고 극복할 사람만이 행복의 단맛을 즐길 수 있고, 그 소중함을 깨달을 수 있다.

불행은 누구에게나 피하고 싶은 악몽이다. 그러나 불행은 늘 예기치 않은 상황에서 우리를 찾아와 삶을 송두리째 흔들어놓는다. 우리는 가능한 한 불행과 마주하지 말아야 한다. 하지만 사람인 이상, 어느 날 갑자기 불행이 찾아온다면 두려워하거나 외면할 게 아니라 그 속에서 교훈과 희망을 찾아내 행복을 얻는 데 집중해야 한다.

불행 그 자체만 놓고 본다면 분명 좋은 일은 아니다. 하지만 한 사람의 성장에 초점을 맞춘다면 불행이 결코 나쁘기만 한 것은 아니다. 불행의 세례를 받을 사람은 이전보다 더 강인해지고, 근성이 생기며, 인생에서 소중한 것이 무엇인지 깨닫게 된다.

사례 모니카는 흑인들이 모여 사는 미국의 한 빈민가에서 태어났다. 어린 시절 그녀는 선천적으로 방광이 몸 밖으로 나와 정상적인 배뇨를 할 수 없었다. 그녀는 다른 사람들이 자신을 괴물처럼 볼까 봐 어릴 때부터 늘 집 안에서만 지냈다. 그녀의 아빠는 일찍 돌아가셨고, 엄마는 그녀를 데리고 재혼을 했다. 하지만 계부는 그들 모녀에게 좋은 사람이 아니었고, 늘 그녀의 엄마에게 폭력을 휘둘렀다. 심지어 그는 모니카가 열다섯 살이 되었을 때 그녀의 엄마가 없는 틈을 타 그녀를 성폭행하기도 했다. 장애를 가진 이 소녀는 자살을 생각할 정도로 힘든 시간을 보냈다. 그때 그녀를 죽음으로부터 구원해준 힘은 그녀의 내면에 자리 잡은 강인한 정신력이었다. 그녀는 나약하게 현실에서 도망친다고 불행이 사라지는 것이 아니며, 더 많은 불행이 자신을 괴롭히지 못하도록 불행을 받아들이고 정면으로 돌파하겠노라 결심했다.

그날 이후 모니카는 다른 사람의 비웃음과 놀림을 더는 두려워하지 않았다. 그녀는 용기를 내서 집 밖으로 나가 여느 또래와 같이 학교에 다녔다. 비록 다들 그녀를 이상한 눈빛으로 바라봤지만, 그녀는 그런 시선에 움츠러들지 않았고, 자신의 노력과 능력으로 지옥 같은 집에서 도망쳐 나오기 위해 미친 듯이 공부했다. 열여덟 살이 되었을 때 모니카는 우수한 성적으로 대학에 합격했고, 마침내 집을 떠나 꿈에 그리던 독립을 할 수 있었다. 훗날 그녀는 자신의 계부를 법정에 세워 그가 저지른 짓에 합당한 벌을 받도록 했다.

모니카의 꿈은 방송 프로그램의 진행자가 되는 것이었다. 다들 그녀가 그 꿈을 이루지 못할 거라고 말했지만 그녀는 자신의 꿈을 향해 무조건 직진했다. 그녀는 뛰어난 언변을 갖기 위해 연습을 게을리하지 않았다. 모든 방송 프로그램 진행자들의 자료를 수집해 꼼꼼하게 비교 분석하며 자신만의 고유한 영역을 만들어갔다. 그녀는 학교에서 개최하는 다양한 행사에도 적극적으로 참여했다. 비록 누군가는 그녀의 장애를 비웃기도 했지만, 그녀는 전혀 개의치 않고 진행자로서의 실력을 유감없이 발휘해 그들의 콧대를 눌러놓았다. 대학을 졸업한 후 그녀는 꿈에 그리던 방송국에 입성했고, 그곳에서 아무도 넘볼 수 없는 자신만의 독창적인 토크쇼 영역을 구축해 나아갔다.

모니카는 세상의 고통을 너무 일찍 알아버린 불행한 소녀였다. 하지만 그 불행은 그녀에게 강인한 성격과 정신을 갖게 해주었고, 자신의 꿈을 이룰 수 있도록 인도해주었다. 불행은 우리 삶을 채우는 하나의 색채에 불과하고, 불행이 지나가고 나면 우리는 한층 더 성숙해진다. 그러므로 불행이 찾아왔을 때 원망하기보다 어떻게 하면 가능한한 빨리 그 불행을 끝내고, 그 에너지를 이용해 행복으로 가는 길에 추진력을 얻을지 고민해야 한다.

사례   한 젊은 여성이 임신 기간 중 실수로 감기약을 복용했고, 그 일 때문에 태어난 아이는 청력에 손상을 입어 정상적인 아이처럼 말을 할 수 없게 되었다. 그녀는 갑작스럽게 닥친 불행에 고통스러웠지만 이내 자신과 아들에게 닥친 불행을 받아들이고 적극적으로 해결책을 찾아 나섰다. 하지만 전국의 유명한 병원을 아무리 찾아다녀도 청력을 회복할 방법을 찾을 수 없었다.

그러던 어느 날 한 병원에서 그녀에게 한 줄기 희망을 선사했다. 의사는 아이의 청력만 손상되었을 뿐 발음과 시각적인 능력이 정상이기 때문에 발음하는 방법만 알려주면 입 모양으로 소통할 수 있고, 학교에 다니며 공부도 할 수 있다고 말해주었다. 그녀는 그 말에 뛸 듯이 기뻐하며 필요한 교재와 자료를 구해 밤새 연구한 후 아이에게 자음과 모음을 하나하나 가르쳐주었다. 처음에는 아무리 가르쳐도 알아듣지 못했다. 그러다 보니 간단한 글자 하나를 발음하도록 만들고 이해시키는 데 무려 일주일이나 걸렸다. 누군가는 이런 식으로 어느 세월에 글자를 다 배울 수 있겠냐고 반문할지 모른다. 하지만 그녀는 포기하지 않고 아들에게 발음하는 법을 가르쳐주며 자신의 입 모양을 어떻게 판별하는지 알려주었다. 석 달의 노력 끝에 아들은 마침내 간단한 단어를 알아듣고 대화할 수 있게 되었다. 아들이 엄마라는 단어를 처음 말했을 때 그녀는 벅찬 감동의 눈물을 흘렸다.

그녀의 노력 덕에 아들은 다른 사람과 간단한 대화를 나누는 데 아무 문제가 없을 정도의 수준으로까지 발전했다. 세월이 흘러 눈 깜짝할 사이에 아들이 초등학교에 입학할 나이가 되었다. 하지만 문제가 하나 생겼다. 일반 초등학교에서 아들을 받을 수 없으니 농아학교로 가보라고 권한 것이다. 그녀는 자기 아들이 정상적인 학습 능력을 갖추고 있고, 일반 학교에 다니며 공부하는 데 아무 문제가 없다고 확신했다. 그래서 그녀는 초등학교 교과서를 사서 직접 아들을 공부시켰다. 고등학교에 올라갈 나이가 되자 그녀는 교육방송을 통해 아들의 공부를 도왔다. 그 정성이 하늘에 닿았는지 아들은 열여덟 살 되던 해 뛰어난 성적으로 명문 대학에 합격했다.

이처럼 불행이 닥쳐왔을 때 확신을 가지고 자신만의 방식으로 시련을 헤쳐 나아간다면 불행의 그림자가 서서히 걷히고 성공의 기쁨이 그 자리를 대신할 수 있다. 그러나 우리가 타협이나 포기를 선택한다면 불행은 갈수록 그 몸집을 부풀려갈 것이다.

사실 불행은 악마와 같아서 그것을 두려워하고 피할수록 틈을 파고들어 더 잔혹하게 변해간다. 반면에 우리가 용감하게 맞서 싸울수록 불행은 궁지로 내몰려 줄행랑을 친다.

사례　H는 뇌성마비, 하반신마비, 청력과 시력 장애를 안고 태어났다. 그러나 그녀의 아버지는 그녀가 신동이라고 생각했고, 언젠가 뛰어난 인물이 될 거라고 확신하며 다양한 지식을 가르쳤다. 그는 그녀를 단 한 번도 장애가 있는 아이로 대한 적이 없었다. 그렇게 자란 그녀는 올림피아드 수학 경시대회에서 1등을 했을 뿐 아니라 바이올린과 피아노 연주, 시와 그림에도 뛰어난 재능을 보였다. 훗날 그녀는 보통 사람이 상상할 수 없을 정도의 노력을 쏟아부어 마침내 명문 대학에서 미술학 박사학위를 취득할 수 있었다. 그녀의 인간 승리 스토리는 많은 사람에게 본보기가 되었고, 수많은 학교로부터 강연 요청이 쇄도했다.

한번은 그녀가 한 중학교에서 강연하는 데 여학생 하나가 질문했다.

"힘든 시간을 극복할 수 있었던 비결이 무엇인가요? 어떻게 그토록 많은 성과를 거둘 수 있으셨나요?"

그녀는 웃으며 칠판에 글자를 써 내려갔다. 첫째, 내가 귀여워서. 둘째, 내 다리가 길고 예뻐서. 셋째, 내 부모님이 나를 사랑하셔서. 넷째, 내가 그림을 잘 그려서. 다섯째……. 그녀가 이윽고 말했다.

"그래서 난 내가 가진 것만 볼 뿐, 내게 없는 것을 보지 않았어요."

마음이 건강한 사람에게 불행은 앞길을 가로막는 아주 작은 돌멩이에 불과하다. 그런 돌멩이는 발에 걸리적거리면 차버리면 되고, 걸려 넘어지면 툭툭 털고 일어나 계속 걸어가면 그만이다. 그렇게 불행을 뛰어넘어 걸어가다 보면 다시 평탄한 큰길이 나오고, 행운의 여신도 찾아오게 되어 있다.

미 루 기
극 복 과
전 진 모 드

CHAPTER 8

미루기와 핑계 :
핑곗거리 완벽 차단하기

미루기를 위한 말은
모두 핑계일 뿐이다

오늘의 일을 내일로 미루려는 생각은 절대 하면 안 된다. 일하면서도 내일만 바라보게 된다면 그 일은 이미 실패했다고 볼 수 있다. 내일 뒤에는 또 다른 '내일'이 늘 기다리고 있기 때문이다. 변명하지 않는 사람들은 오늘 그리고 지금부터 일을 시작한다. 우리에게는 다른 선택의 여지가 없다. 지금의 우리에게 시간은 한정되어 있고, 우리가 변화를 만들어낼 것은 이 제한된 시간 안에서뿐이다. 미루기는 성공을 가로막는 가장 큰 적이고, 모든 미루기에는 바늘과 실처럼 변명이 따라붙는다. 이건 일할 때 가장 피해야 할 것이다.

"온종일 너무 바빠서 피곤해 죽을 거 같아. 이 일은 내일 다시 처리하자!"

"이 일은 돈이 너무 많이 드네. 어차피 급할 것 없으니 나중에 진행해야겠어."

"어제 집 대청소를 했으니 오늘은 청소를 건너뛰자."

"개학하려면 아직 더 남았으니까 과제는 좀 더 나중에 시작해도 돼."

당장 해야 할 일을 미루기 위한 다양한 핑계는 얼마든지 찾아낼 수 있다. 그래서 모든 계획의 시작점을 내일로 정해서는 안 된다. 당신이 온갖 '아름다운' 내일을 계획하고 있을 때 자신도 모르는 사이에 핑계를 찾게 되고, 시간은 그 핑계와 더불어 조용히, 그리고 빠른 속도로 사라져간다.

오늘의 일을 내일로 미루면 더 힘들어질 가능성이 크다. 내일 처리해야 할 일이 이미 있기 때문이다. 이런 식의 미루기 행동이 반복되면 해야 할 일이 갈수록 쌓이고, 제한된 시간 안에 감당할 수 없을 정도로 많아진 일을 처리해야 한다는 압박감에 짓눌리게 된다.

사례 칭다오하이얼의 회장 장루이민(張瑞敏)은 시간이 날 때마다 틈틈이 회사를 둘러보곤 했다.

어느 날 늦은 밤에 그는 한 사무실에 불이 켜져 있는 광경을 보게 되었다. 가끔 직원들이 퇴근할 때 깜빡하고 불을 끄지 않는 경우가 있어서 그는 불을 끄기 위해 그곳 문을 열었다.

그런데 막상 들어가 보니 사무실에 직원 하나가 남아 있었다. 그는 컴퓨터 모니터 앞에서 열심히 서류 작업을 하느라 인기척도 느끼지 못한 듯했다. 그가 가볍게 기침을 하며 주의를 환기했다.

"아직도 퇴근을 안 하고 뭐 하는 겁니까? 일은 근무 시간에 하는 겁니다!"

"죄송합니다. 오늘까지 보고서를 작성해야 해서요."

"내일 출근해서 하도록 하세요."

장루이민이 그를 부드럽게 타일렀다.

"이 업무는 오늘 끝내야 할 일이라 오늘 안에 무슨 일이 있어도 마무리 지어야 합니다. 내일은 내일 처리해야 할 일이 있으니까요!"

그 직원은 어떤 핑계를 대거나 망설이지도 않았다. 그리고 그의 성실하고 책임감 있는 태도는 장루이민에게 깊은 인상을 남겼다.

다음 날 이 직원은 장루이민의 개인비서로 전격 발탁되었다.

아무리 잘 만들어진 비싼 지도를 가지고 있어도 자꾸 미루며 여행을 가지 않으면 그 지도는 그저 보기 좋은 종이에 불과할 뿐이다. 한 국가의 법률이 아무리 공정한들 시행을 하지 않으면 범죄의 발생을 막을 수 없다. 왕 솔로몬의 보물이 묻힌 곳을 알려주는 보물 지도가 있다 해도 당장 찾으러 가지 않으면 어떤 보물도 손에 넣을 수 없다. 해박한 지식과 경험이 있다 해도 미루기병에 걸려 있으면 절대 경쟁에서 앞서갈 수 없다.

수탉이 날 밝아질 때 울지 않고 매일 두 시간 늦게 운다면 세상은 어떻게 변해 있을까? 마찬가지로 무슨 일을 하든 미루기만 한다면 우리 인생은 어떤 모습이 될까?

행동은 한차례 전쟁과도 같다. 그 전쟁에서 승리하고자 하면 효율이 높고 전투력이 강한 사람이 반드시 있어야 한다. 우유부단하고, 계획을 미루고, 시간관념이 없는 사람은 성공의 대열에서 도태될 수밖에 없기 때문이다. 미루기 위해 하는 말은 그 어떤 이유도 변명과 핑계에 지나지 않는다.

핑계를 댄다고 과연
책임을 회피할 수 있을까?

"어제 정전만 안 됐어도 일을 끝낼 수 있었을 겁니다."

"차만 안 막혔어도 일찌감치 도착해 고객을 맞았을 겁니다."

"고객이 너무 까다롭게 굴지만 않았어도 제시간에 해낼 수 있었을 겁니다."

이런 말인즉슨 일을 끝내지 못한 이유는 자신 탓이 아니라는 것이다. 많은 사람이 쉽게 찾을 수 있는 다양한 핑곗거리로 자신의 실수를 합리화하고, 그 속에서 심리적 위안을 찾으며 다른 일에 매달린다. 하지만 핑계가 많을수록 성공할 확률이 줄어든다는 점을 망각해선 안 된다.

일하다 보면 수많은 좌절과 난관에 부딪힌다. 어떤 일을 제때 마무리 짓지 못해 동료와 상사의 비난을 받게 되면 자기방어를 위해 핑계를 대는 것이 인간의 본성이다. 이 과정에서 스스로 그들을 '속이는'

데 성공했다고 생각하며 안도하겠지만, 이런 핑계가 원래 본인의 것이 될 많은 기회를 빼앗아 가고, 성공을 물거품으로 만들 수 있다.

따라서 어떤 잘못을 했든 절대 핑계를 대서는 안 된다. 사람은 누구나 체면을 중시하기 때문에 실수하면 그것을 감추기 위해 다양한 자기변명에 집착하고, 책임을 회피하려 한다. 하지만 그것이 합리적 이유처럼 보인다고 해도 결과적으로 아무런 도움도 되지 않는다.

사례 유나이티드 항공, 아메리칸 항공, 델타 항공 등 미국의 대형 항공사는 수백 대의 비행기를 보유하고 있다. 이에 비해 제트블루 항공사는 고작 서른 대의 비행기를 보유한 저가 항공사에 불과했다. 그런데 이 신생 저가 항공사가 2001년 9·11 테러 사건 이후 침체에 빠진 항공업계에서 돌풍을 일으키며 새로운 다크호스로 떠올랐다. 데이터에 따르면 2002년 전까지 제트블루 항공사의 3분기 영업액이 5억 달러에 육박했다. 그들은 무려 4천만 달러의 수익을 올리며 단숨에 사우스웨스트 항공사를 제치고 전미 1위 항공사로 우뚝 섰다.

2007년 2월 14일 갑자기 내린 우박이 뉴욕 케네디 국제공항을 초토화시켰는데, 제트블루 항공사의 가장 큰 허브가 바로 이곳에 있었다. 비행장 활주로가 결빙되면서 수많은 항공편이 지연되었고, 1천 대가 넘는 항공편이 취소되면서 승객들은 활주로에서 열한 시간 가까이 대기해야 했다. 이 일은 항공사에 치명적인 타격을 주면서 주가 하락과 경영 혼란을 초래했다.

이것은 불가항력의 천재지변이었지만 제트블루 항공사는 이런 이유로 책임을 회피하기보다 적극적으로 문제해결을 위해 나섰다. 항공사 경영진은 신속하게 대응하며 일부 주류 언론을 통해 실수를 인정하고, 승객의 피해를 회사 측에서 일괄적으로 책임지겠다고 약속했다. 또한 그들은 1,600만 달러의 무료 항공권과 400달러의 기타 비용을 지급하기로 했다.

이 사건을 경험한 후 제트블루 항공사는 향후 유사한 사건이 일어났을 때 상황 통제에 문제가 없도록 대대적인 내부 개혁을 단행했다. 이를테면 정보 시스템을 정비하고, 회사 웹사이트를 업그레이드하고, 온라인을 통해 항공권을 변경하거나 예약할 수 있도록 시스템을 구축했다. 이 외에도 유사한 사건이 다시 발생했을 때를 대비해 제트블루 '특별팀'을 구성해 비상시 가장 먼저 공항으로 출동해 비행기의 재이륙을 돕도록 했다.

사람들은 문제가 발생하면 자신의 실수를 정당화하려고 애쓴다. 실수를 인정하는 순간 자존심이 상하고, 그 실수에 대한 책임을 지게 될까 봐 두렵기 때문이다. 사실 이런 식의 변명은 문제해결에 별로 도움되지 않는다. 차라리 제트블루 항공사처럼 자기 잘못을 과감히 인정하고 문제해결을 위해 적극적으로 나서는 편이 도리어 이미지를 평가절상시키고 신뢰를 얻는 최선의 길이 된다.

사례 M은 무역 회사 마케팅팀 팀장이다. 어느 날 직원이 뉴욕에 있는 모 회사에 고사양 카메라 10만 대를 판매하는 계약을 진행하겠다며 서류를 올렸고, 그는 신중한 검토 과정 없이 그 서류를 결재했다. 그런데 제품이 통관 준비를 하는 동안 그 직원이 다른 회사로 스카

우트되었고, 그가 가지고 있던 고객 명단도 그 회사로 넘어갔다. 이런 상황에서 물품이 뉴욕에 도착하면 구매자에게 가지 못한 채 다시 돌아올 것이고, 물품 대금과 물류비, 운송비까지 상당한 피해액이 발생할 판이었다.

이것은 M 혼자 감당할 수준의 문제가 아니었다. 그는 고민 끝에 사장에게 이 사실을 솔직히 털어놓았다.

"모든 게 제 불찰입니다. 제가 회사에 큰 손실을 입혔지만, 반드시 최선을 다해서 회사의 손실을 최소화해보겠습니다."

사장은 그의 용기와 책임감을 높이 평가했고, 그 일을 그에게 전적으로 맡기며 전폭적인 신뢰를 보여주었다. 그는 자신의 계좌에서 자금을 찾아 바로 뉴욕으로 갔다. 그는 인맥을 총동원해 동분서주했고, 마침내 새로운 판로를 뚫는 데 성공했다. 한 달 후 10만 대의 카메라는 이직한 직원이 서류에 작성한 가격보다 훨씬 더 높은 가격으로 다른 고객사에 양도되었다.

직장에서 자신이 사건의 '주범'이 되기를 바라는 사람은 아무도 없다. 하지만 사무실에서 다양한 업무를 처리하다 보면 기계가 아닌 이상 이런저런 실수를 하게 될 때가 분명 생긴다. 문제는 그런 실수에 대처하는 태도에 있다. 실수를 무마하기 위해 수천수만 개의 핑계를 찾아 자기방어를 한다고 해서 실수가 사라지는 것도 아닐뿐더러 결국 책임을 회피할 수 없으니, 그 대가는 스스로 치르게 마련이다.

핑계를 대기보다 잘못을 인정하고 책임지는 편이 백배 낫다

실수를 저지르고 싶어서 저지르는 사람은 없다. 아무리 완벽해지고 싶더라도 우리에게는 뜻대로 되지 않는 상황이 자주 일어난다. 하지만 실수한 후 사람들의 반응 역시 천지 차이다. 눈 가리고 아웅 하는 식으로 회피하는 사람, 끝까지 자신의 실수를 은폐하려는 사람, 죽으면 죽었지 절대 인정하려 들지 않는 사람, 순순히 자기 잘못을 인정하며 사과하는 사람…….

실수한 후 어떤 선택을 하느냐에 따라 결과는 달라진다. 사건의 심각성과 당시의 구체적 상황에 따른 처리 방식마다 장단점이 있다. 예를 들어 사소한 실수를 요령껏 잘 숨긴 덕에 별다른 문제 없이 잘 넘어갔고, 똑같은 실수가 계속 별문제 없이 해결되면 주변의 반응 역시 크게 달라지지 않는다. 하지만 그 실수가 심각한 문제를 일으켰는데도 한사코 인정하지 않고 변명만 늘어놓는다면 타인의 비난과 손가락질에서 결코 자유로울 수 없다.

물론 실수를 인정한다면 그로 말미암아 능력을 의심받을 수 있다. 사실 우리는 다른 사람들이 우리의 능력을 의심하는 것을 무척 두려워하는 경향이 강하다. 자신이 무시당할까 봐 두렵고, 책임론이 불거지는 현실을 감당할 자신도 없다. 이런 이유로 우리는 실수를 인정하기를 꺼린다. 하지만 장기적인 이익의 관점에서 보면 직접적이고 빠른 사과가 가장 현명한 선택일 수 있다. 무능력하게 보일까 봐 두렵지만, 그 대신 문제를 바로 잡을 기회와 신뢰를 얻을 수 있다. 테네시 은행의 전 총재 테리는 말했다.

"잘못을 인정하는 것이 가장 큰 힘의 원천이다. 왜냐하면 잘못을 인정하는 사람들은 잘못된 것 이상의 무언가를 얻기 때문이다."

이것이 바로 테리의 법칙(Terri's law)이다. 우리는 잘못을 직시함으로써 신뢰와 존경을 얻고, 같은 실수를 반복하지 않는 올바른 태도를 보일 수 있다. 사실 잘못의 인정과 사과는 손해에서 이득으로 가는 전환점이라고 볼 수 있다.

사례 회계사 D는 직원 급여표를 확인하는 과정에서 병가를 낸 직원에게 실수로 급여 전액을 지급한 사실을 발견했다. 그는 잘못을 깨닫고 곧바로 그 직원을 찾아가 전후 사정을 설명했고, 초과 지급된 급여를 다음 달 급여에서 차감할 거라고 알려주었다. 하지만 직원은 바로 불만을 드러냈다. 병원비 때문에 경제적으로 여유가 없는 데다 다음 월급까지 줄어들면 재정적으로 심각한 타격을 입는 상황이었으니까 말이다. 그래서 직원은 그에게 차감되는 액수를 할부로 처리해달라고 요구했다.

하지만 그렇게 되면 M은 상사에게 전후 상황을 보고해야 하고, 아무도 모르게 해결할 수 있었던 자신의 실수를 만천하에 드러낼 수밖에 없었다. 그는 이런 이유로 순간 주저했지만, 자신이 저지른 실수로 타인에게 피해를 줬으니 모른 채 넘어갈 수 없었다. 그래서 그는 먼저 직원에게 사과하고, 상부에 보고를 올려 문제해결을 위해 최선을 다하겠다고 약속했다. 그는 그 길로 상사에게 가 전후 사정을 설명하며 자신의 잘못을 인정했다. 물론 그 과정에서 한바탕 쓴소리를 들었지만, 상사는 그가 실수를 만회할 수 있도록 기회를 주었다. 결국 그는 규정에 따라 누구에게도 피해가 가지 않게 일을 처리했다.

이처럼 실수를 제때 인정하는 것은 죄책감에서 벗어나 문제를 해결하는 데 도움 될 수 있다.

꼼수를 허용하지 않는
무조건적 복종

복종은 100%를 받아들이는 것이다. 아무런 변명도 하지 않는 것, 이것이 바로 복종을 가장 잘 설명해주는 말이다.

안 좋은 상황이 닥쳤을 때 "나도 모르겠다", "왜 이렇게 된 건지 모르겠다", "모든 방법을 모색해봤지만 어떻게 해야 해결할 수 있을지 모르겠다" 하는 식의 말은 가장 흔한 자기변명이다. 이런 식의 책임회피보다 문제해결 방법을 적극적으로 찾으려는 노력이 더 중요하다.

> **사례**   J는 대기업의 엔지니어링 팀장이다. 한번은 그가 공사 문제로 야기된 회사 측과 현지 주민 사이의 분쟁을 처리하게 되었다. 원래 이 일은 그의 직책과는 전혀 상관없는 일이었지만 적임자를 찾지 못한 탓에 언변과 상황 판단력이 뛰어난 그가 총대를 메게 되었다. 사장은 그에게 잠시 하던 일을 중단하고 현장으로 가서 그곳 지사 책임

자들과 상의해 돌파구를 마련하라고 지시했다. 이 일은 회사의 사활이 걸린 일이기도 했다.

현장에 도착한 그는 본사 출신이라는 감투를 쓰고 독단적으로 행동했다. 심지어 그 지역 사정을 전혀 모른 채 미숙한 대처를 하는 바람에 현지 주민들과 충돌까지 빚어졌다. 사장이 상황을 더 악화시킨 그를 질책할 때조차도 그는 그 일 때문에 자신의 승진과 연봉 인상에 영향을 받을까 봐 책임을 지사 책임자들에게 떠넘겼다.

얼마 후 회사 엔지니어 업무 추진을 위해 그는 다시 그 지사 책임자들과 협업해야 했고, 그들은 그 기회를 이용해 그에게 지난 일을 복수했다. 결국 업무에 심각한 차질이 빚어졌고, 그는 어쩔 수 없이 회사를 떠나야만 했다.

J와 같은 직원은 어디에나 존재한다. 기업에서 사장은 책임을 남에게 전가하기보다 조화와 협력을 통해 문제를 적극적으로 해결하는 직원을 더 선호하게 마련이다.

한 기업의 회장이 이런 말을 한 적이 있다.

"누군가가 '난 모르는 일이다. 이 일은 나와 상관없다'라고 말한다면 난 당장 그를 해고할 겁니다. 이런 말을 하는 사람에게서 책임감을 기대하기 어려우니까요. 구명조끼를 입지 않은 두 살배기 아이가 혼자 부두 옆에서 놀고 있는데 그걸 보고도 가만히 있다고 가정해보세요. 난 그런 행동을 용납할 수 없습니다. 그런 위험한 상황을 봤다면 그 즉시 달려가서 아이를 보호하는 게 마땅하니까요. 마찬가지로 회사의 이익과 관련된 일이라면 책임소재를 불문하고 무조건 그것을 보호하기 위해 먼저 달려들어야 합니다. 어떤 분야에서 최고의 자리에 오르고 싶다면 지름길은 없습니다. 회사의 이익이 되는 일을 적극적으로 찾고, 기회다 싶으면 앞뒤 가리지 말고 잡으세요! 설령 그것이 당신의 책임 범위 밖의 일이라도 일단 하고 보는 겁니다."

우리 주변에는 딱 두 부류가 존재한다. 하나는 무슨 일을 하든 핑계를 대고 자기변명을 하는 사람이고, 또 하나는 무슨 일이 있어도 절대 핑계를 대지 않는 사람이다. "그 고객만 보면 짜증이 나서 상대를 하지 못하겠다", "지금은 내가 다른 일이 있어서 그러니 내일 다시 얘기하자", "시간이 너무 부족해서 이 일을 절대 끝낼 수 없다" 하는 식의 말은 그저 책임을 회피하기 위한 변명에 불과하다. 직장에서 필요로 하는 인재는 묵묵히 방법을 찾아내며 맡은 임무를 완수하는 사람이지, 이리저리 빠져나갈 궁리만 하는 사람이 아니다.

강력한 추진력을 가진 사람은 주어진 일에 최선을 다해 기대 이상의 결과를 내고, 자신의 실수를 남에게 전가하지 않는다.

'핑계를 대지 않는' 마인드의 핵심은 책임감, 프로정신, 복종과 성실이다. 바로 이런 마인드가 조직의 응집력을 높이고, 기업의 건전한 문화를 형성한다.

핑계는 미루기의 싹을 틔우는 온상이고, 미루기 습관에 젖은 사람은 늘 핑곗거리를 찾아 헤매는 데 프로가 되어간다. 이런 습관이 들면 일을 해도 대충 하고, 절차에 따라 철저하게 해내지 못한다.

책임만이 존재하는
'NO 핑계존 = 성공존'

성공한 사람들의 면면을 살펴보면 누구랄 것도 없이 모두 책임감이 강하다. 반면에 평범하고 무능한 사람들은 늘 이런저런 핑계를 대며 자신의 실패를 합리화하려고 한다. 예를 들어 지각하면 교통체증이나 알람 시계가 고장이 났다는 등의 핑계를 대고, 일을 마무리 짓지 못하면 난도가 너무 높을뿐더러 자료가 부족하다는 등의 핑계를 대는 식이다. 이들은 시간이 지날수록 자기 잘못을 덮기 위한 갖가지 핑곗거리를 찾는 데 전념한다.

사실 우리 주변에는 이런 식으로 책임을 회피하고, 핑곗거리를 찾는 사람이 적지 않다. 그들은 문제가 생기면 일단 남 탓을 하며 책임을 전가하려 한다. 하지만 책임은 우리가 버리고 싶다고 해서 버릴 수 있는 것이 아니다. 당신이 일에 대한 자신의 책임을 포기한다면 그건 발전을 위한 더 좋은 기회를 포기하는 것과 같다. 일에 대한 책임감을 느끼고 문제해결을 위해 최선을 다하는 사람만이 조직의 인정을 받고 중용될 수 있기 때문이다.

사례 Y는 졸업 후 건설 회사에 취직했고, 같은 시기에 입사한 신입 사원들과 함께 직장생활을 시작했다. 사장의 눈에 비친 그들은 모두 사회에 막 발을 들인 풋내기들이었다.

신입 직원들은 대부분 말단 부서로 배치되어 일을 배워 나아갔다. 그녀는 행정부서에 배치되었고, 사실상 그곳에서 잡일을 도맡아 했다. 다른 신입 동료들은 월급이 너무 적다고 불평을 하고, 컴퓨터 앞에 앉아 몰래 채팅을 하며 시간을 보냈다.

그녀가 맡은 일은 매우 단순하고 지루했다. 그녀는 매일 출근하자마자 입사 지원서를 확인하고, 그것을 번역하면서 하루를 시작했다. 처리해야 할 업무량이 많았지만, 그녀는 꼼꼼하게 맡은 일을 해나갔다. 여유 시간이 날 때면 선배들에게 도와줄 일은 없는지 물으며 일을 찾아서 했다.

그렇게 그녀는 자신이 명문 대학을 졸업한 인재라는 생각에 얽매어 불만을 품기보다 주어진 일을 야무지게 하며 하루하루를 보냈다. 그녀는 날마다 메일함을 열어 수십 통의 입사 지원서를 확인한 후 그중 우수한 인력의 지원서를 번역해 외국인 상사에게 전달했고, 선배들의 일을 배워가며 탁월한 관리 능력을 발휘했다. 그 덕분에 1년 후 그녀는 해당 부서의 부팀장으로 파격 승진할 수 있었다.

하지만 그녀의 노력은 거기서 그치지 않았다. 그녀는 여전히 새로운 지식을 공부하고, 직원들을 격려하며 책임감 있고 솔선수범하는 인재상을 보여주었다. 그녀는 업무를 수행하는 과정에서 자신에게 주어진 기회를 하나하나 포착하며 내실을 다져나갔고, 5년 뒤 부사장 자리까지 올라가는 파격적인 행보를 이어갔다.

직장에서 상사가 직원을 평가할 때 가장 먼저 보는 것은 바로 책임감이다. 이 책임감은 그가 가진 경력과 실력을 뛰어넘는 막강한 힘을 가진다. 맡은 업무를 끝까지 책임지고 완수해낸다면 누구도 그 결과에 실망하거나 손가락질할 리 없다. 이런 책임감이 없으면 도전과 잠재력 역시 발휘되기 어렵다.

성공한 사람들은 공통적으로 직무에 최선을 다하는 습관을 지니고 있다. 음료가 든 텀블러를 가방에 넣고 다닐 때 뚜껑을 끝까지 돌려 제대로 조이지 않으면 어느새 그 안에 있던 내용물이 쏟아져 가방을 엉망으로 만든다. 업무 역시 마찬가지다. 어떤 부분이 원칙대로 철저하게 이루어지지 않으면 결국 기대한 결과를 얻지 못하고 모든 노력이 물거품 될 수 있다.

인생 사전에서 '핑계' 삭제하기

누구나 책임의식을 가지고 인생을 살아가야 한다. 이것은 타인에 대한 책임일 뿐 아니라 자신에 대한 책임이기도 하다. 핑계와 변명은 책임의 천적이다. 우리는 살아가면서 자신의 미루기 행위를 무마하기 위해 핑계를 대는 무책임한 사람들을 곳곳에서 만난다. 그들은 어떤 일을 맡으면 즉각적이고 능동적으로 처리하는 것이 아니라 끊임없이 핑계를 대며 미룬다. 이렇게 처리한 일이 성과를 내는 경우는 극히 드물다. 성과를 낼 수 없으니 성공을 꿈꾸는 것도 불가능하다.

일상에서 핑곗거리는 마치 공기처럼 우리 주위에 가득 포진해 있다. 핑계는 미루기 습관을 지켜주는 방패막이와 같아서 사람들은 일을 마무리 짓지 못하면 타인의 이해와 용서를 구하기 위해 그럴싸한 핑계를 찾아내 자기방어를 한다. 핑계의 장점은 게으름을 감추고, 잠시나마 마음의 위안을 얻을 수 있게 만들어주는 것이다. 하지만 이런 습관이 지속되면 노력을 게을리하고, 적절한 핑계를 찾는 데 많은 시간과 정력을 쏟아붓게 된다.

명령이 떨어졌을 때 즉시 행동으로 옮기는 것이야말로 우리가 반드시 지켜야 할 일의 원칙이다. 게으름 때문에 벌어진 일을 무마하기 위해 찾아낸 핑계는 일시적인 마음의 평온을 가져다줄 수는 있을지언정 결국 더 큰 대가를 치르게 만든다.

사례 S는 대학 졸업 후 기계 회사에 입사해 5년간 일했다. 그동안 그는 직장 동료는 물론 상사와도 좋은 관계를 유지해왔다. 그러던 어느 날 그가 자제력을 잃고 상사와 언성을 높이는 일이 일어났다.

사실 그의 동료와 상사 중에 이런 날이 올 거라고 예상하지 못한 사람은 없었다. 평소 그는 일 처리가 꼼꼼하지 못했고, 무슨 일을 하든 차일피일 미뤄 다른 사람의 일에도 지장을 주곤 했다. 물론 그가 처음부터 그랬던 것은 아니다. 그의 변화는 생각지도 못한 어떤 일이 벌어진 후부터 시작되었다.

그날 그는 야근하다가 깜빡 조는 바람에 난간에서 떨어졌다. 다행히 그리 높지 않았던 터라 약간의 다리 골절상을 입었다. 물론 걷는 데 큰 지장은 없었다.

그런데 그 후 그는 상사가 무슨 일을 시키든 다리가 불편하다는 이유로 요령을 피우기 시작했다. 상사 역시 사고로 다리가 다친 걸 알기에 그를 배려해주었다.

그렇지만 시간이 지날수록 상사 역시 그의 태도가 영 마음에 들지 않았다. 그날도 그는 평소처럼 출근 시간보다 30분 늦게 회사에 도착했다. 그가 회사 로비에 들어서자 팀장으로부터 전화가 왔다. 다른 부서 팀원 몇 명과 회사 차를 타고 지방 출장을 다녀오라는 것이었다. 그는 팀장의 지시대로 회사 입구에서 타고 갈 차를 기다렸다. 하지만 한 시간이 넘도록 차는 나타나지 않았다. 그는 그제야 팀장에게 다시 전화를 걸었다. 출장 차량을 이미 떠난 상태였고, 그는 괜히 시간만 낭비한 꼴이었다. 그가 팀장에게 상황 설명을 하자 팀장은 "왜 지각을 했냐"며 그를 추궁했다.

그는 해명하기 위해 곧장 팀장실로 갔는데, 팀장의 태도는 단호했다.

"오늘 무슨 일이 있어도 출장을 갔다 오게. 버스를 타든 뭘 타든 자네가 알아서 하고!"

팀장은 그 말만을 남긴 채 아랑곳하지 않고 자기 일에 몰두했다. 그는 팀장의 말에 화가 머리끝까지 치밀어 올랐다. 누가 봐도 작정하고 자신을 골탕 먹이려는 행동이었다.

"못 갑니다!"

그가 반기를 들자 팀장은 책상을 손으로 내리치며 벌떡 일어나 소리쳤다.

"자네가 원하든 원치 않든 무조건 가!"

그 역시 지지 않고 책상을 주먹으로 내리쳤다.

그 순간 팀장의 눈이 휘둥그레졌고, 이 소란스러운 상황에 놀란 직원들이 사무실 쪽으로 우르르 몰려들었다.

그 사건 이후 팀장은 그를 무시하며 차갑게 대했고, 모든 업무에서 그를 배제했다. 직원들 역시 뒤에서 쑤군거리며 그를 멀리했다. 결국 그는 정신적 스트레스를 견디지 못한 채 회사를 관둘 수밖에 없었다.

S는 다쳤다는 이유로 핑계를 대며 일을 미루는 습관을 갖게 되었고, 그것이 결국 상사와의 갈등으로 번져 조직에서 밀려나고 말았다.

일하는 과정에서 핑계를 대는 습관은 미루기병으로 이어진다. 초기 단계에는 약간의 자책을 하기도 하겠지만, 그 횟수가 늘어날수록 무감각해지고, 어느 순간부터 자신이 일을 제때 혹은 제대로 처리하지 못하는 이유가 진짜 핑계 때문인지 아니면 능력 부족 때문인지 구분조차 되지 않는다.

변명이나 원망 없이 임무를 완수하는 것은 그 어떤 직책을 막론하고 가장 중요한 원칙이다.

'나한테는 왜 성공의 기회가 오지 않을까?'

'상사는 왜 중요한 업무에서 날 배제할까?'

'동료들은 왜 날 신임하지 않을까?'

이런 고민이 든다면 미루기와 변명의 습관이 있는 건 아닌지 스스로 돌아보고, 당신의 인생 사전에서 그것들을 완전히 삭제해야 한다. 그런 다음 세 가지 방면으로 노력해보라.

1. 게으름을 극복하고 말보다 행동으로 보여주기

게으름은 능력과 자신감의 부족 때문이 아니라 평소 일을 가볍게 생각하고 대충 처리하는 습관이 몸에 배어 있기 때문에 만들어진다. 이런 게으른 마음을 극복하려면 태도의 변화가 필요하다. 즉 성실한 태도, 프로의식, 긍정적이고 적극적인 심리가 뒷받침되어야 자신의 분야에서 성과를 낼 수 있다.

2. 책임감 가지기

긍정적인 심리는 일에 대한 집중력을 높여 원하는 방향으로 일을 이끌어갈 수 있도록 한다. 일할 때는 평상심을 유지하고, 일과 책임 의식을 단 한순간도 분리하여 생각해서는 안 된다.

3. 핑계 대지 말고 바로 행동하기

일의 최종 목적은 완벽한 일 처리로 최대의 이익을 얻어내는 것이다. 이때 핑계와 미루기는 이런 목적을 방해하는 최대 적이다. 일의 선택, 일에 대한 태도와 열정은 모두 즉각적인 행동에 기반을 두어야 한다. 몸소 행동해야 이 모든 것이 실현될 수 있다.

미루기
극복과
전진모드

CHAPTER 9

미루기 심리 치료제 :
고효율 행동 강화를 위한 강심제 주사

행동력, 성공을
가능하게 만드는 유일한 방법

'인간의 심리는 모두 똑같다. 대부분의 사람은 자랑과 허풍을 좋아하므로 그 안에서 진실을 찾기 힘들고, 이상은 매우 높으나 행동으로 옮기는 사람은 드물다.'

이는 타이완의 학자 난화이진(南懷瑾)의 말이다.

대다수 사람의 삶은 여기서 크게 벗어나지 않는다. 안타깝게도 많은 이가 오로지 말만 할 뿐 행동으로 옮기지 않는다. 생각만 하고 행동하지 않는 사람은 생각의 쓰레기만을 만들어낸다. 경제학자 리처드 스톤(Richard Stone)은 '성공은 사다리 같아서 주머니에 손을 넣고서는 절대 그 사다리에 오를 수 없다'라고 했다.

사례 해박한 지식을 자랑하는 교수와 일자무식한 사람이 서로 이웃해 살게 되었다. 두 사람은 사회적 지위와 자라온 환경이 너무나 달랐지만 똑같은 목표를 가지고 있었다. 그것은 바로 부자가 되는 것이었다.

해박한 지식을 가진 교수는 매일 다리를 꼬고 앉아 부자 되는 방법에 대한 자기 생각을 장황하게 늘어놓았고, 일자무식한 이웃은 옆에서 그 말을 진지하게 들었다. 이웃은 교수의 학식과 지혜에 감탄하며 그가 말해준 부자 되는 방법을 하나하나 실천해갔다.

10여 년이 지난 후 당시 교수의 말을 열심히 듣고 행동으로 옮겼던 이웃은 백만장자가 되었고, 말만 장황하게 늘어놓던 교수는 여전히 부자 되는 방법을 이론으로만 읊어대며 살아가고 있었다.

생각은 매우 중요하다. 하지만 생각만 있고 행동이 없다면 아무 소용이 없다. 인간의 본성은 수동적으로 기다리지 않고 적극적으로 행동하는 것이다. 인간은 이런 본성 때문에 특정 환경에 반응하고 적응했을 뿐 아니라 환경을 새롭게 만들어낼 수 있었다. 러시아의 우화시인 이반 크릴로프(Ivan Krylov)는 '현실은 이승이고, 이상은 극락이다. 이승과 극락의 세상 사이에는 급물살이 흐르는 강이 있고, 행동은 그 강 위에 세워진 다리와 같다'라고 말했다.

사람은 누구나 꿈이 있고, 그 꿈은 삶에 대한 열정을 증폭시키는 역할을 한다. 우리가 시련과 맞닥뜨렸을 때 그 시련과 맞서 싸울 힘은 바로 이 꿈에서 나온다. 그렇지만 꿈만 꾸고 행동하지 않는다면 아무리 아름다운 꿈도 허상에 지나지 않는다.

사례　가난한 중년 남자가 교회에 가끔 나가 기도를 했는데, 그의 기도는 늘 한결같았다.

"하나님, 복권에 당첨되게 해주십시오! 아멘!"

며칠 후 그가 잔뜩 풀이 죽은 표정으로 다시 교회를 찾아와 또 무릎을 꿇고 기도를 올렸다.

"하나님, 왜 제 기도를 들어주지 않으십니까? 제발 복권에 당첨되게 해주십시오. 그럼 하나님을 더 겸손하게 섬기겠습니다! 아멘!"

또 며칠이 지난 후 그가 다시 교회를 찾아와 예전과 똑같은 기도를 올렸다. 마침내 하나님의 응답이 그에게 임했다.

"너의 기도를 늘 듣고 있었노라. 하지만 복권을 사야 내가 당첨되게 해주지 않겠느냐?"

그저 가볍게 웃고 넘길 이야기이지만, 여기에도 우리의 행동을 돌아보게 하는 교훈이 담겨 있다. 우리 주변에는 생각만 할 뿐 행동으로 옮기지 않는 사람이 다수를 차지한다. 그들은 성공에 대한 환상에만 사로잡혀 언젠가 성공할 자기 모습을 꿈꾸며 산다. 하지만 이들의 꿈은 절대 실현될 수 없다. 그 이유는 간단하다. 온종일 성공만 꿈꿀 뿐 행동이 따라주지 않기 때문이다. 인생의 목표를 정하기는 쉽지만, 그것을 실현하기란 어렵다. 아무리 훌륭한 목표를 세울지라도 행동으로 옮기지 않는 한 달라지는 건 아무것도 없다.

삶은 자전거 타기와 같다. 페달 돌리는 움직임을 멈추면 중심을 잃고 쓰러진다. 일할 때도 마찬가지다. 페달 돌리는 그 움직임을 멈춰서는 안 된다. 무슨 일을 하든 실질적인 효과와 결과물이 있어야 한다. 그걸 가능하게 하는 것이 바로 행동력이다. 목표가 생긴 후 바로 실천하지 않으면 미루기의 늪에 빠지고, 그사이 우리는 시간을 낭비하며 기회를 잃어간다. 마음먹은 것을 바로 행동으로 옮기지 않으면 실현 가능성이 떨어지지만, 용감하게 첫발을 내딛는다면 성공 확률은 크게 높아진다.

주도면밀은 YES!
생각만 너무 많은 것은 NO!

어떤 분야가 되었든 경쟁에 뛰어들면 도전의 연속이고, 그 과정에서 어떻게 해야 이길 수 있는지를 고민해야 한다. 옛말에 '부귀는 위험에서 온다'라고 했다. 이때 위험을 무릅쓰는 것은 도전정신의 일환이며 맹목적인 행동이 되어서는 안 된다. 사업 기회의 포착은 바로 자신의 이런 예리한 사업적 감각에 달려 있기 때문에 현실에 안주하는 사람은 눈앞에서 성공의 기회를 놓칠 수밖에 없다.

사례 P는 먹고살기 위해 비누를 만들어 팔아보기로 했다. 우선 그는 방문판매 방식으로 12년간 고객을 직접 찾아다니며 세일즈를 했다. 그러던 어느 날 그는 비누 원료를 구매하던 단골 회사가 머지않아 150만 달러에 경매 처분될 거라는 소식을 듣자마자 그 회사를 인수하기로 결심했다. 하지만 그가 지난 12년 동안 모아둔 돈은 25만 달러에 불과했다. 결국 그는 그 회사와 협의해 계약금으로 25만 달러를 먼저 지급하고, 열흘 안에 잔액을 완납하기로 계약을 맺었다. 열흘 안에 잔액을 지급하지 못하면 계약금 역시 돌려받지 않는다는 조건이었다.

그는 지난 12년간 사업을 하며 쌓아온 인맥을 총동원해 돈 일부를 융통했고, 신용 대출 회사를 찾아가 대출도 받았다. 열흘째 되는 날 저녁까지 그가 모은 돈은 115만 달러였고, 여전히 10만 달러가 부족한 상황이었다. 다음 날이면 돈을 다 지급해야 했지만 더는 융통할 곳이 없었다.

그는 지푸라기라도 잡는 심정으로 61번가로 차를 몰고 나갔다. 그곳에서 유일하게 불이 켜져 있는 한 하청 업체 사무실이 그의 눈에 들어왔다. 그 순간 그는 차에서 내려 무작정 그 사무실로 들어갔다. 그는 일단 무조건 부딪치자는 마음뿐이었다. 그는 그 사무실에 있던 사장을 보자마자 물었다.

"혹시 만 달러를 벌고 싶지 않으십니까?"

사장은 갑작스러운 상황에 황당한 표정으로 그를 쳐다봤다. 그는 본격적으로 그를 설득하기 시작했다.

"그럴 마음이 있으시다면 십만 달러짜리 수표 한 장을 제게 끊어주시면 됩니다. 제가 그 돈을 상환할 때 이자로 만 달러를 드리겠습니다."

사장은 그에게 대출해준 사람들 명단을 확인하고, 그의 사업 계획을 꼼꼼하게 훑어본 후 마침내 그의 조건을 수락했다.

이 과감한 모험으로 그는 회사를 온전히 인수할 수 있었다. 이는 일곱 개의 회사와 레스토랑 한 곳의 주요 지분을 가진 백만장자가 되는 발판이 되었다.

모험과 기회는 공존한다. 모험해야 기회를 잡을 수 있다. 덴마크의 유명한 철학자 키르케고르(Kierkegaard)는 '모험은 근심과 걱정을 동반하지만, 모험하지 않으면 자신을 잃게 된다'라고 했다. 안정을 추구하는 것이 나쁜 건 아니지만, 그 안에 온전히 안주하면 발전을 기대할 수 없다. 수많은 성공담을 보더라도 모험은 그 자체로 충분히 가치가 있다.

'행운은 용감한 자를 돕는다'라는 서양 속담이 있다. 변화와 성공을 꿈꾸는 사람은 많지만, 과감하게 모험을 시도하는 사람은 흔하지 않다. 성공으로 통하는 길은 위험을 무릅쓰지 않으면 누구도 지나갈 수 없다. 그래서 위험을 감수하려 들지 않는 사람은 늘 그 자리에만 머물 뿐 결코 큰일을 해낼 수 없다. 실패에 대한 두려움과 속박에서 벗어날 용기가 있어야 놀라운 잠재력을 발휘할 수 있다.

사례 J는 평범한 기술자였다. 그가 살던 지역에는 한동안 경제 위기가 닥치면서 많은 공장이 문을 닫았다. 그때 그는 이 기회를 이용해 저렴한 가격으로 물건을 사들였고, 사람들은 그의 이런 행동을 비웃었다. 하지만 그는 각 공장에서 저가로 내놓은 물건을 계속 사들였고, 커다란 물류창고를 빌려 그 물건을 보관했다.

시간이 흐를수록 그의 부인도 걱정하며 그를 말렸다. 부부가 그때까지 모아둔 돈도 한계가 있었기 때문에 이런 모험을 했다가 자칫하면 거리로 나앉을 수 있었으니까 말이다. 하지만 그는 아내를 안심시키며 자기 생각을 굽히지 않았다.

"3개월만 더 지켜보면 내가 옳았다는 걸 알게 될 거야."

열흘이 지난 후 제품을 저가에 내놓은 이들은 물가안정을 위해 제품을 모두 태워버릴 생각까지 하기 시작했다. 상황이 이 지경에 이르자 그의 아내는 남편에게 불만을 터뜨리기 시작했다.

　하지만 며칠 후 마침내 미국 정부에서 물가안정을 위해 긴급대책을 내놓으며 지역 경제 정상화를 위해 발 벗고 나섰고, 물가는 계속 치솟기 시작했다. 이것이 바로 그가 기다리던 순간이었다. 그는 곧바로 창고에 보관해둔 물건을 풀어 큰돈을 벌어들였다.

　그가 물건을 팔려고 할 때 그의 아내는 물가가 더 오를 때까지 기다리자고 했다. 하지만 그의 생각은 달랐다.

　"지금이 딱 적기야. 좀 더 지나면 큰돈을 벌 기회를 놓치게 돼."

　그리고 얼마 지나지 않아 물가는 다시 떨어지기 시작했다.

　훗날 그는 그때 벌어들인 거액으로 다섯 군데의 백화점을 경영하며 재벌 반열에 올랐다.

　21세기는 그야말로 위험과 기회가 공존하는 시대이다. 부자가 되고자 하면 위험을 무릅쓰는 과정이 필수적으로 따라야 한다. 부자가 되는 유일한 길이 위험을 무릅쓰는 것만 있는 건 아니겠지만, 기회를 탐색하고 위험을 감수할 줄 알아야 그 가능성이 커진다는 점 역시 부정할 수 없는 사실이다.

모가 되든 도가 되든
기회는 무조건 잡고 보기

성공으로 가는 길 위에서 기회는 우리를 무작정 기다려주지 않는다. 기회는 가장 먼저 잡을 용기를 가진 사람에게만 주어지는 선물이다. 기회는 마치 진흙 속에 묻힌 진주처럼 화려하고 귀한 본모습을 쉽게 드러내지 않는다. 성공한 사람들은 진흙 속 진주를 알아보는 안목과 용기를 가진 자들이다. 그들은 그 진주를 찾아내고, 다시 전력을 다해 목표를 향해 달려간다. 때와 기회는 기다리면 찾아오는 것이 아니다. 그렇기에 현명한 사람은 시기가 무르익기를 기다리는 우를 범하지 않는다.

사례　여러 해 전에 미국 〈뉴욕타임스〉는 전보의 탄생 25주년을 기념하기 위해 짧은 사설을 게재했고, 그 안에는 중요한 메시지가 담겨 있었다. 즉, 전보의 탄생으로 사람들이 매년 받는 정보량이 두 배로 늘어났다는 사실이다. 그리고 이 사설을 접한 미국인 16명이 다이제스트 출판물을 창간할 생각을 하게 되었다. 그들은 이 간행물이 엄청난 시장 경쟁력을 갖게 될 거라고 확신했다.

각계각층에 포진해 있던 이 16명은 각자 자신들의 생각을 즉시 행동으로 옮겼고, 석 달도 되지 않는 시간 안에 간행물 라이선스 신청을 진행했다. 그런데 구독자 모집과 발행을 하려던 그들의 발목을 잡는 소식이 들려왔다. 이듬해 대통령 선거가 끝나면 간행물 업종의 세금이 면제된다는 것이었다. 그 세금을 면제받기 위해 15명이 사업을 일단 보류했다. 하지만 드윗 월리스(Dewitt Wallace)라는 젊은이만은 그런 말에 흔들리지 않았다. 그는 약혼녀와 함께 광고 전단과 주문서를 2,000개의 편지 봉투에 담아 우체국에 가서 모두 발송했다.

이때부터 세계 출판계에 기적이 일어났다. 2002년 6월 30일 그들이 창업한 이 다이제스트 간행물 〈리더스 다이제스트〉는 19개 언어로 번역되어 세계 127개국에서 무려 1억 명의 독자들과 만나게 되었고, 연매출은 5억 달러에 달했다.

뜻이 있는 곳에 길이 있다. 하지만 그렇다고 해서 모든 사람이 그 길위에서 기회를 잡는 것은 아니다. 앞서 언급한 16명 모두 새로운 시장의 가능성을 보았지만, 그 기회를 잡은 사람은 드윗 월리스 단 한 명뿐이었다. 그는 모두가 적당한 때를 기다리며 관망할 때 모험을 감행하며 그 기회를 잡았다.

셰익스피어는 '멋진 꽃은 그 아름다움이 활짝 피어나는 순간 먼저 따야 한다. 그렇지 않으면 시들어 떨어지기 때문이다'라고 했다. 기회가 온들 그 기회를 이용할 줄 모르면 아무 소용이 없다. 기회는 한순간에 지나가고, 그것을 제때 잡는 사람만이 가장 큰 성과를 얻을 수 있다.

사례 매년 11월부터 이듬해 4월까지 타이완의 우유 판매는 비수기에 접어든다. 타이완 유제품 업체들은 재고율을 낮추기 위해 이 다섯 달 동안 일련의 판촉 행사를 열고, 약속이나 한 듯 가격 경쟁을 벌인다.

1990년 우유업계의 비수기가 지나간 후 제조업체들이 휴전을 선언할 무렵 웨이취안(味全) 기업에서 돌연 1,200만 위안을 투자해 경품행사를 시작했다. 그들은 경품으로 고급 자동차를 내걸고 우유를 사는 고객에게 응모권을 주는 프로모션을 진행했다. 행사는 여기서 그치지 않고 매주 추첨을 통해 경차를 한 대씩 증정해 지속적인 관심을 끌어냈다. 이 행사는 무려 두 달 동안 지속되었다.

그들은 왜 비수기 끝물에 이런 프로모션을 계획했을까? 이 회사는 2리터 용량의 가정용 우유 시장의 점유율을 더 늘리고 싶었지만, 비수기에 다른 업체들도 다 판촉 행사를 하는 바람에 소비자의 시선을 전혀 끌지 못했다. 그래서 그들은 다른 업체들이 전쟁터에서 막 발을 뺄 때쯤 경쟁사의 기존 점유 시장을 과감히 공략하는 마케팅을 펼쳤다.

당시 웨이취안 회사의 준비는 충분하지 못했지만 시기를 조금이라도 늦추면 기회를 놓치고 모든 계획이 물거품이 될 수 있었다. 그래서 그들은 조건이 다 갖춰지지 않은 상태에서 과감하게 공격을 감행했다. 이 프로모션 행사를 통해 그들은 목표를 100% 달성하며 인지도를 높이고 판매 호조를 이어갈 수 있었다.

조건이 성숙하지 않았다는 이유로 머뭇거리며 기회를 놓치는 것은 성공의 가장 큰 걸림돌이 될 수 있다. 하지만 많은 사람이 눈앞에 보이는 기회를 자신이 없다는 이유로, 혹은 조건이 아직 갖춰지지 않았다는 이유로 너무 쉽게 넘겨버린다.

기회를 얻을 줄 아는 사람은 적기가 올 때까지 기다리는 것이 아니라 눈앞에 보이는 기회를 무조건 일단 잡고 본다. 그리고 그 기회를 성공으로 연결하기 위해 최선을 다하고, 가능성을 필연으로 만든다.

100%의 노력과 행동력으로
도전에 맞서기

신은 누구에게나 공평하게 성공의 기회를 준다. 하지만 그 기회를 잡았다고 해서 누구나 성공할 수 있는 것은 아니기에 누군가는 세상이 불공평하다고 불만을 품기도 한다. 하지만 그들의 실패는 기회만 잡았을 뿐 그 기회를 성공으로 바꾸려는 최선의 노력을 하지 못한 탓이 크다.

어떤 일들은 1%의 가능성만 있어도 100%의 노력을 쏟아부을 가치가 충분하다. 땀과 시간의 축적은 성공으로 통하는 험난한 길을 평탄하게 닦아주는 역할을 한다.

영화감독 우디 앨런(Woody Allen)은 '성공의 8할은 일단 출석하는 것이다'라고 했다. 이 말은 성공하고 싶다면 목표를 향해서 시간과 노력, 인내를 쏟아부어야 한다는 의미를 담고 있다. 시간과 노력은 성공 가능성을 높인다. 어떤 일을 잘해낼 자신이 100% 없다고 해도 최선을 다하면 가능성이 생긴다.

사례　괴테는 시, 희극, 소설 등 다방면으로 수많은 위대한 작품을 완성했다. 그는 스물일곱 살에 바이마르 공국의 상원의원으로 임명되어 정계에서도 많은 업적을 남기며 1815년에 국무대신으로 임명되었다. 그 외에도 그는 회화를 좋아했고, 해부학, 지질학, 광물학, 식물학, 광학 등 자연과학 분야의 연구에도 참여해 놀라운 공헌을 했다. 그 당시 괴테는 자기 능력을 미리 알았기 때문에 그런 일들을 선택해 성과를 낸 것이 아니다. 그는 어떤 일을 하든 최선을 다했고, 그런 노력 덕에 다양한 분야에서 괄목할 만한 성과를 거둘 수 있었다.

　성공은 자신이 얼마나 많은 것에 확신이 있느냐보다 얼마나 큰 노력을 쏟아붓느냐에 달려 있다. 어떤 분야에서 큰 성과를 내는 사람들은 성공하기에 앞서 반드시 성공할 거라고 자신하지 않는다. 다만 그들은 목표를 향해 최선을 다했기에 눈부신 성과를 낼 수 있었다.

사례　영화배우 아널드 슈워제네거(Arnold Schwarzenegger)는 오스트리아의 평범한 가정에서 태어났다. 그는 열다섯 살 때 보디빌딩에 흥미를 갖게 되었다. 당시 마르고 왜소했던 그는 미국의 유명한 보디빌더 레그 파크(Reg Park)처럼 되는 게 꿈이었다. 그는 불가능하다고 생각하지 않았고, 자신의 목표를 향해 다가가기 시작했다.
　그는 용돈을 아껴가며 보디빌딩 관련 잡지를 샀고, 아르바이트해서 모은 돈으로 운동 기구도 샀다. 당시 슈워제네거의 부모는 아들의 이런 행동을 못마땅해했고, 그의 친구들도 그를 비웃었다. 누구의 응원도 받지 못하는 상황에서 그 역시 심리적 압박에서 벗어날 수 없었다. 하지만 그는 자신의 꿈을 의심하기보다 오로지 목표에 다가가고자 노력했다.

과연 그의 노력은 그를 배신하지 않았다. 슈워제네거는 국제 보디빌딩 대회에서 연이어 수상했고, 미스터 유니버스에서 세 번이나 우승했으며, 미스터 올림피아에서도 연속으로 여섯 차례나 대회를 제패했다.

슈워제네거는 보디빌딩계에서 전성기를 보내다 탄탄한 근육질 몸매를 무기로 할리우드 영화계에도 진출했다. 그는 〈터미네이터〉, 〈트윈스〉 등의 영화에 주연으로 출연해 흥행 돌풍을 일으켰고, 영화계에서 입지를 다진 후에는 정계로 진출해 활동하기도 했다.

성공의 기회는 손만 뻗으면 얻을 수 있는 것이 아니다. 다른 사람보다 더 많은 땀과 노력을 흘려야만 잡을 수 있다. 기회는 자신이 없어서가 아니라 준비가 안 되어 있어서 못 잡는 것이다. 미지의 도전에 맞서 1%의 기회를 만나기 위해 100%의 노력을 기울여보자.

시간은 금이다

우리는 매일 아침에 눈을 뜨면 보통 휴대전화 속 문자메시지를 확인하거나 SNS를 둘러보며 하루를 시작한다. 출근하는 동안에는 게임을 하거나 드라마 혹은 영화를 보며 시간을 흘려보낸다. 그러다 보니 고개를 숙인 채 휴대전화만 들여다보는 현상이 사회문제로 대두되고 있기도 하다.

우리의 습관을 말하기에 앞서 장인들의 이야기를 먼저 해보고자 한다. 언젠가 TV에서 두붓집을 운영하는 장인을 본 적이 있다. 그는 날이 밝기도 전에 일어나 정해진 루틴에 따라 그날 사용할 두부를 만들었고, 여유가 생기면 다른 할 일이 없는지 주위를 살피거나 앉아서 눈을 감고 깊은 생각에 잠겼다.

이것이 바로 평범한 사람과 성공한 사람의 차이점이다. 성공한 사람들의 몸과 마음은 모두 한 가지 일에 가 있고, 그 일을 어떻게 하면 더 잘할 수 있을지를 끊임없이 고민한다. 반면에 평범한 사람은 매일 시간을 무의미하게 낭비하고, 어떻게 하면 시간이 빨리 흘러가게 만들지를 고민한다.

지금도 회사 안에는 시간개념이 아주 모호한 직원과 사장이 수두룩하다. 사실 이것은 시간개념이 없어서 생긴 결과다. 시간이 곧 비용이기 때문에 직장에서는 신입 직원일 때부터 철저한 시간관념을 갖고 있어야 장차 승진과 업무 효율을 높이는 데 도움 된다. 직장에 꼭 필요한 직원과 리더가 되고 싶다면 시간개념부터 정립하고 철저하게 지켜가야 하며, 절대 일분일초도 허투루 쓰면 안 된다.

옛말에 '시간은 금이다'라고 했다. 똑똑한 것 말고는 가진 거 하나 없는 사람에게 시간은 유일한 자산이다. 또한 시간은 생명이기도 하다. 시간을 낭비하는 건 삶을 낭비하는 것이고, 시간을 지배하는 건 삶을 지배하는 것이다. 그래서 우리는 시간을 소중히 여기고 잘 관리해 잠재력을 끌어내야 한다.

사례 미국의 석유 재벌 아먼드 해머(Armand Hammer)도 삶의 일분일초를 허비하지 않은 인물이다.

열아홉 살 되던 해, 그의 부친이 중병에 걸려 회사를 경영할 수 없게 되었다. 그의 아버지는 공동 경영을 시도했지만 끝내 도산 위기에 처했고, 결국 아들에게 회사 경영을 맡겼다. 당시 대학교 1학년이던 해머는 회사를 통째로 사들인 후 학업과 병행하며 경영을 배워나갔다. 도산 일보 직전의 회사를 흑자로 돌리고, 학업과 일의 균형을 맞추는 일은 일생일대의 중대한 도전이었다.

평소 그는 하루 중 대부분 시간을 회사 일을 처리하는 데 쓰느라 모든 수업을 다 들으러 갈 수 없었다. 그래서 그는 과 친구에게 필기한 내용을 빌려 회사 일이 끝난 후 시간을 내 공부했다. 이런 식으로 그는 회사 일에 더 많은 시간과 노력을 투자하는 동시에 학업을 계속할 수 있었고, 그 덕에 회사 경영도 차츰 정상 궤도에 진입하기 시작했다. 스물두 살 되던 해에 회사의 순이익은 백만 달러를 넘어섰고, 그는 젊은 백만장자 대열에 이름을 올렸다. 또한 그는 학사 과정도 무사히 이수해 컬럼비아대학교에서 의학 학사학위를 받았다.

해머가 이렇게 능률적으로 일과 학업을 병행할 수 있었던 것은 시간을 아끼고 활용하는 탁월한 능력 덕이었다.

일할 때 우리는 늘 시간적인 문제에 직면한다. 시간 앞에서 우리는 인생의 중대사이든 아주 사소한 일이든 선택을 해야 하고, 그 선택에 따른 결과를 책임져야 한다. 물론 그 결과가 반드시 달콤한 것만은 아니다. 특히 시간의 안배가 마음속 나침반이 가르치는 방향과 맞아떨어지지 않으면 더욱 그렇다. 따라서 우리는 시간을 잘 활용할 줄 아는 사람들에게서 시간을 효과적으로 활용해 최대한 많은 일을 할 수 있는 법을 배워야 한다.

흔히 시간을 귀히 생각하지 않으면 인생을 낭비하는 것과 같다고 말한다. 시간을 소중히 여기며 일분일초도 헛되이 보내려고 하지 않는 사람은 '고효율' 인생을 살아갈 수 있다.

과연 모든 사람에게 똑같이 주어지는 하루 24시간을 어떻게 활용해야 남들보다 앞서 나아갈 수 있을까? 다음의 방법을 참고하자.

1. 합리적인 시간 계획 세우기

시간은 누구에게나 공평하게 주어진다. 하지만 똑같은 시간 안에서도 어떤 사람은 높은 효율을 발휘해 일을 마무리한다. 그 이유는 그들이 미리 세워놓은 철저한 시간 계획에 맞춰 일을 진행하기 때문이다.

2. 우선순위 정하기

모든 일은 일의 중요도에 따라 시간 계획을 세우고 순서에 따라 처리한다.

3. 다음 날 해야 할 일 정하기

정확한 목표를 세운 후 시간 계획을 짠다.

4. 일 외의 여유 시간 확보하기

자신이 해야 할 일을 과도하게 설정해서는 안 된다. 하루 동안 해야 할 일이 잠자고 먹는 시간 빼고 꽉 차 있다면 예상치 못한 일이 생겼을 때 일정 전체가 엉망이 되어버린다.

나쁜 습관 버리고 행동력 높이기

나쁜 습관은 추진력을 방해한다. 아침에 늦게 일어나는 습관은 지각으로 이어지고, 핑계를 대는 습관은 일을 끝까지 미루다 막판에 마무리하게 만들고, 시간을 낭비하는 습관은 일을 비효율적으로 만든다. 요컨대 그런 나쁜 습관은 한 사람의 추진력을 망가뜨린다.

일하는 과정에서 가장 경계해야 할 나쁜 습관은 총 네 가지다. 이런 습관은 미루기병으로 이어진다. 당신이 이 습관을 극복할 수 있다면 일의 효율과 삶의 질을 높일 수 있다.

첫 번째 나쁜 습관은 책상 위에 처리하지 못한 일감을 잔뜩 쌓아놓는 것이다.

이런 식의 습관은 문제해결의 효율성을 심각하게 떨어뜨릴 수 있다. 책상 위가 책, 서류, 편지, 메모지 등으로 어지럽혀져 있다면 과연 어떤 생각이 들까? 처리한 일보다 처리하지 못한 일이 아직 잔뜩 쌓여 있다는 생각에 스트레스가 밀려올지 모른다.

사례 회사의 중진이 심리치료사를 찾아왔다. 그가 심리치료사를 찾아왔을 때 그는 무척 지쳐 있었다. 그는 심리치료사에게 자기 일이 주는 중압감에 대해 토로했다.

"매일 처리해야 할 일이 끝이 없지만, 그렇다고 회사를 그만둘 수도 없으니 어찌해야 할 바를 모르겠습니다."

심리치료사는 그의 얘기를 다 듣고 난 후 자신의 책상 위를 가리키며 말했다.

"제 책상을 좀 보세요. 뭐가 보이나요?"

그가 책상을 보며 대답했다.

"제 책상과 비교가 안 될 정도로 정말 깨끗하군요."

심리치료사는 그의 말에 살짝 미소를 지었다.

"그런가요? 제 책상이 이렇게 깨끗한 건 해야 할 일을 미루지 않고 제시간에 모두 처리하기 때문이랍니다. 그렇게 하다 보니 책상 위에 처리해야 할 일들이 쌓이지 않게 되더군요. 선생님께서도 제 방법을 한번 써보세요."

그는 그 방법이 과연 효과가 있을지 의심스러웠지만 시도해보겠다고 약속했다. 3개월 후 심리치료사는 그에게 한 통의 전화를 받았다.

"지금 제 책상도 선생님 책상처럼 깨끗해졌습니다."

그는 심리치료사의 방법대로 하다 보니 책상 위에 잔뜩 쌓여 있던 것들이 서서히 줄어들면서 예전과 같은 중압감에서 벗어날 수 있었다는 기쁜 소식을 전해주었다.

사무실 책상 위에 산처럼 쌓인 서류는 집안일이나 다름없다. 책상 위를 깨끗하게 정리한다면 일이 주는 스트레스에서 벗어날뿐더러 업무 효율 또한 크게 향상될 것이다.

두 번째 나쁜 습관은 일의 우선순위를 정하지 않은 채 막무가내로 처리하는 것이다.

한 기업인은 그가 생각하는 두 가지 재능을 모두 갖춘 인재라면 아무리 많은 연봉을 주더라도 채용할 의향이 있다고 했다. 이 두 가지 재능 중 하나는 뛰어난 사고 능력이고, 또 하나는 일의 경중과 완급을 구분해 우선순위에 따라 업무 계획을 세우고 추진하는 능력이다.

사례　E는 12년 만에 무명의 말단직원에서 회장 자리까지 올라간 입지전적 인물이다. 그의 성공은 그가 가진 두 가지 능력 덕분이었다.

"나는 매일 새벽 5시에 일어납니다. 이 시간에 머리가 가장 잘 돌아가기 때문이죠. 그래서 그때 단기적 목표와 계획을 세우고, 일의 중요도에 따라 우선순위를 정하는 겁니다."

세 번째 나쁜 습관은 문제를 과감하게 처리하지 못한 채 계속 미해결 상태로 남겨두는 것이다.

H는 미국 철강 회사의 이사로 재직했다. 이사들은 논의해야 할 안건이 많다 보니 회의할 때마다 상당히 긴 시간을 쏟아부어야 했다. 게다가 상당수 의제가 합의점을 찾지 못해 효율도 떨어졌는데, 이사들은 회의가 끝난 후 미처 처리하지 못한 업무를 집에까지 가져가 처리해야 했다.

이런 비효율적인 업무 방식에 대해 가장 먼저 문제를 제기하고 해결책을 제시한 사람이 바로 H였다. 그는 회의 때마다 한 가지 의제를 논의하고, 반드시 결론을 내는 것을 원칙으로 삼자고 제안했다. 그는 이렇게 하는 것이 의제를 미결로 남겨두는 것보다 낫다고 그들을 설득했다. 결국 이사회는 그의 제안을 받아들였다. 그리고 얼마 지나지 않아 오랜 시간 타성에 젖어 있던 업무 습관도 개선되었다. 물론 이사들이 업무를 가정으로까지 끌고 들어가 삶의 질과 업무 효율을 떨어뜨리던 고질병도 사라졌다.

네 번째 나쁜 습관은 모든 일을 혼자 감당하려 하고, 자신의 부하 직원 혹은 동료를 믿지 못하는 것이다.

모든 일을 직접 나서서 처리하지 않으면 안심이 안 되는 사람은 사소한 일에 얽매이느라 자신이 힘들게 만들어낸 행복한 삶을 누리지 못한다. 이런 현상은 다양한 분야에서 보편적으로 나타난다. 사람들은 다른 사람에게 일을 맡기면 자칫 일을 망칠까 봐 불안해한다. 그래서 그들은 사소한 일들조차 도맡아 처리하며 늘 혼자 안달복달하는 상태에 빠져 지낸다.

책임감이 지나치게 강한 사람은 자기 일을 다른 사람과 나눠서 하는 것에 상당한 거부감을 드러낸다. 자신은 믿고 맡겼지만, 상대방이 그 일을 제대로 해내지 못하면 자기 일과 평판에 안 좋은 영향을 주기 때문이다. 하지만 온종일 이어지는 긴장과 과도한 업무 스트레스에서 벗어나려면 업무를 분담하는 법과 사람을 적재적소에 활용하는 법을 배워야 한다. 일의 큰 맥락과 상관없는 자질구레한 일을 다른 사람에게 맡기면 업무 효율이 오를 뿐 아니라 일의 재미를 경험할 수 있을 것이다.

직장생활을 하면서 이상의 네 가지 나쁜 습관을 고칠 수 있다면 누구나 미루기병을 극복하고 실행력은 물론 업무 효율까지 높일 수 있을 것이다.

미루기
극복과
전진모드

CHAPTER 10

미루기 극복을 위한 비밀 병기 :
긍정 에너지 가득 채우기

미루기 생각 자체를
머릿속에서 삭제하기

현대 사회에서 많은 사람이 앓는 미루기병은 특히 젊은 층에서 발병률이 가장 높다. 그들은 이런저런 핑계를 대며 일을 차일피일 미루고, 마감을 코앞에 두고서야 시작하는 습관에 쉽게 물든다. 하지만 미루는 습관은 일의 능률을 떨어뜨리고 게으른 인상을 줄 수 있다. 그렇다면 이런 나쁜 습관을 어떻게 극복할 수 있을까?

인간의 사유는 행동을 이끄는 능력을 가지고 있다. 미루기 습관을 지닌 사람의 경우 그들의 나태한 일 처리 습관 역시 생각으로부터 시작된다. '좀 더 나중에 해도 상관없어', '다들 아직 손도 안 댔으니 조급하게 굴 거 없어', '너무 어렵잖아? 내 능력으로는 방법을 찾지 못하겠어' 등과 같은 생각과 핑계는 모두 우리의 행동에 부정적인 암시를 준다.

그래서 미루기병을 뿌리 뽑으려면 먼저 미루기를 합리화하는 생각부터 철저히 없애야 한다. 한 가지 명심해야 할 점은 당신의 현재 상태를 바꿀 사람은 오직 당신 자신뿐이라는 사실이다.

사례   고대 그리스 신화에 등장하는 시시포스. 그는 하늘의 법을 어긴 죄로 매일 큰 돌을 가파른 언덕 위로 굴리는 벌을 받았다. 그가 돌을 정상까지 굴려 올리면 그 돌은 다시 밑으로 굴러떨어졌는데, 그는 매일 이 일을 반복했다.

하늘의 벌은 그를 끝없는 실패와 고난 속에서 괴로워하도록 만드는 것이었다. 하지만 그는 그런 고통과 고난이 자신의 운명이라고 생각하지 않았다. 그는 돌을 굴려 올리며 산을 오르는 것은 자신의 책임이라고 생각했고, 그 돌이 다시 굴러떨어진다고 해서 그걸 자신의 실패로 보지 않았다. 그런 생각 덕에 그의 마음은 언제나 평온했고 자신감도 잃지 않았다. 그래서 그는 자신의 소임을 포기하지 않았고 매일 희망을 품으며 살았다. 결국 그의 마음을 괴롭히려 했던 하늘의 신들은 자신들의 방법이 아무 효과가 없다는 것을 알아채고 그를 다시 하늘로 돌려보냈다.

'하늘은 스스로 돕는 자를 돕는다'라는 말처럼 스스로 노력하지 않으면 누구도 도움의 손을 내밀지 않는다. 미루기 습관을 차츰 고쳐나가는 과정에서 우리가 해낼 수 있다고 믿지 않으면 긍정적인 결과 역시 기대하기 어렵다. 미루기는 일종의 부정적인 생각이다. 그래서 미루는 생각을 버리지 않으면 결국 끊임없이 미루기를 반복하게 된다. 사실 우리가 일하는 과정에서 난관에 부딪힐 가능성은 언제나 존재한다. 이때 자신의 마음을 잘 조율하고 무엇이든 해낼 수 있다는 긍정의 믿음을 갖는다면 자기 동력을 얼마든지 만들어낼 수 있다.

사례 세일즈의 신 조 지라드(Joe Girard)는 자신의 일화를 바탕으로 최고의 자기관리란 어떤 것인지 보여줬다.

"자기관리라는 건 우선 자신에게 엄격한 요구를 하는 것입니다. 나는 일주일 치의 업무 계획을 오전과 오후로 나눴고, 내가 방문해야 할 곳을 6등분으로 나눴습니다. 어떤 지역을 목표로 삼았을 때 월요일에는 1번지에서 100번지, 화요일에는 100번지에서 200번지 하는 식으로 한 주가 지나면 내 관할의 그 지역 전체를 돌 수 있게 되는 거죠. 난 이런 방법을 절대적인 명령이라고 생각하며 수행했습니다. 예고에 없던 일이나 판매관리 업무는 모두 오후에 처리할 수 있게 스케줄을 짰죠. 오전에는 세일즈와 관련된 전문적인 업무를 처리하고, 오후 4시부터는 업무용 회의와 자동차 수리 등의 일을 처리했습니다. 내 스케줄은 대체로 이런 틀을 유지했고, 무슨 일이 있어도 그대로 실천하려고 노력했습니다. 이것이 바로 나만의 자기관리법이죠.

이 일을 시작한 첫해에는 혼자 거리를 하염없이 돌아다니는 일이 무척 힘들고 외로워서 세일즈가 정말 보통 일이 아니라는 걸 뼈저리게 체감했습니다. 하지만 그런 생각이 들 때마다 내가 이렇게 힘들면 남들도 똑같이 힘들다고 스스로 위로하며 용기를 냈습니다. 사실 자기관리가 주목받는 이유는 마음먹은 대로 순조롭게 해낼 수 있는 사람이 없기 때문이죠. 오늘은 한 번 지나가면 다시 돌아오지 않기 때문에 사람들은 이렇게 엄격하게 자기관리에 신경을 쓰는 겁니다. 저도 정신적으로 힘들거나 지칠 때가 오면 일요일에는 무조건 등산을 합니다. 산을 오르기까지 이런저런 고비와 난관에 부딪히지만, 이 모든 것을 극복하고 정상에 올랐을 때는 말로 다 할 수 없는 성취감과 희열을 느끼죠. 자동차 세일즈에 성공해 주문받고 차를 고객에게 넘길 때의 기분 역시 다르지 않습니다."

그의 말을 통해 우리는 미루기 습관을 극복하는 것이 바로 자기관리라는 걸 알 수 있다. 시련과 난관이 없다면 성공을 해도 성취감과 기쁨을 느낄 수 없을 것이다. 이런 믿음으로 자신에게 동기부여와 격려를 하게 되면 내면의 부정적 심리를 극복하는 데 도움 될 수 있다.

일을 즐기며 활력 불어넣기

구직자들이 가장 두려워하는 것은 자신의 이력서가 쓰레기통에 버려지는 것 아닐까 싶다. 대다수 사람은 학력과 스펙이 차고 넘치는 이력서가 외면받을 때면 그 이유를 모르겠다며 불만을 터뜨린다. 운을 배제했을 때 가장 가능성이 큰 요소는 아무래도 구직자의 일에 대한 마음가짐일 것이다. 채용 담당자들은 일에 대한 열정과 사랑이 없는 사람이라면 어떤 일을 맡겨도 잘할 수 없다고 믿는다.

사례 언젠가 인사 담당자와 얘기를 나눈 적이 있다.

"입사 지원자를 고작 몇 분 보고 어떻게 합격 여부를 판단할 수 있는 거죠?"

나의 질문에 인사 담당자가 말했다.

"이직자를 대상으로 한 채용 면접의 경우 한 가지 질문을 해보면 답이 바로 나옵니다."

"어떤 질문이죠?"

"다니던 회사를 왜 그만두고 우리 회사에 지원하게 되었냐고 묻는 거죠. 그때 지원자가 '예전 직장은 규모가 작고, 열심히 일해도 제대로 인정을 못 받았다. 하지만 이 회사라면 내 재능을 마음껏 발휘할 기회를 줄 곳이라고 믿어 지원하게 되었다'라고 말하면 바로 탈락 대상이 됩니다."

"그 대답이 왜 문제가 되는 거죠?"

"이직자들을 대상으로 이런 질문을 하는 이유는 이전에 다니던 회사를 어떻게 평가하는지 보려는 거예요. 그 회사가 너무 별로였다거나 그곳에서 하던 일이 정말 안 맞았다고 말하는 사람이라면 그의 능력이 아무리 뛰어나도 무조건 불합격 처리를 해요. 조직생활을 하면서 온종일 불평불만만 쏟아내고 일을 제대로 하지 않는 직원이라면 결국 어떤 곳에 가도 발전이 없을 거라고 생각하거든요."

'지금 하는 일이 너무 싫다', '일이 너무 재미없다', '업무 환경이 너무 열악하다', '월급을 쥐꼬리만큼 준다' 등등처럼 사람들은 종종 다양한 핑계를 대며 자기 일이 얼마나 형편없는지를 증명하려 든다. 자기 일에 불만을 가진 사람들을 살펴보면 대다수가 그 일에 열의가 없을뿐더러 일도 잘해내지 못한다. 그들은 아마도 이렇게 불만을 쏟아내지 않을까 싶다.

"날 책임지는 사람은 능력은 쥐뿔도 없으면서 눈만 높아! 매일 불평만 쏟아내고 노력도 안 하고, 날 대충대충 대하지. 자기가 못나서 아무런 성과도 내지 못하는 주제에 모든 걸 내 탓으로 돌려."

환경을 바꿀 수 없다면 그 환경에 적응하는 수밖에 없다. 일도 마찬가지다. 일에 대한 불평을 쏟아내며 외면하기보다 그것이 가진 가치를 발견하기 위해 노력하고, 그곳에서 즐거움과 발전 가능성을 찾는 편이 더 도움 된다. 적어도 자신의 마음가짐을 바로 잡고, 일을 원망하기보다 책임감 있게 완수하려고 노력해야 한다.

사례 한 소년이 사부에게 조각을 배웠다. 소년은 매일 나무를 조각하는 것이 무척 따분하고 재미없는 일처럼 느껴져서 포기하고 싶어졌다. 그때 사부가 소년의 마음을 알아채고 말했다.

"포기하고 싶은 마음이 생겼다는 건 네가 조각의 즐거움을 모르기 때문이란다."

"조각의 즐거움이요?"

소년의 눈이 휘둥그레졌다. 그때 사부가 나무 하나를 가져다가 칼로 조금씩 깎으며 조각을 시작했다.

"조각의 즐거움을 이 조각칼을 들고 나무를 조금씩 깎아나가는 데 있는 게 아니라 이 나무 속에 숨어 있는 것을 찾아내는 데 있단다."

그의 손에 들린 나무가 점점 형태를 갖춰가기 시작했다. 머리카락, 얼굴, 눈썹, 눈……. 그리고 얼마 후 야구 모자를 쓴 사내아이의 두상이 드러났다. 소년이 깜짝 놀라며 물었다.

"이건 저 아닌가요?"

사부는 고개를 끄덕이며 작업실에 있는 다른 나무를 가리켰다.

"그렇단다. 조각의 재미는 저 나무들 속에 숨어 있어. 네가 조각을 재미없는 일이라고 생각했다면, 그건 저 나무들을 나무로만 보았기 때문이지. 네가 저 나무들 속에 숨은 그림을 찾아낸다고 생각한다면 조각의 재미는 무궁무진해진단다."

소년은 고개를 끄덕이며 다시 조각칼을 집어 들었다. 훗날 그 소년은 유명한 목각 예술가가 되었다.

조각칼을 들고 매일 작업실에서 나무를 조각하는 일은 분명 단조롭고 지루한 일이 될 수 있다. 특히 어린 소년에게 그런 일은 고역과도 같았을 것이다. 하지만 그의 사부는 조각칼을 들고 손에 든 나무를 예술품으로 만들었고, 이 과정에서 그는 짜증과 불평을 드러내는 것이 아니라 나무에 또 다른 생명을 부여해 새롭게 재탄생시키는 즐거움에 빠져들었다.

오랜 세월 한 가지 일을 하다 보면 싫증이 날 수밖에 없다. 매표원은 매일 한자리에 앉아 표를 발급하고, 묻는 말에 대답하고, 돈을 계산하는 등의 단순하고 반복적인 일을 한다. 프로그래머는 주기적으로 프로그램을 만들고, 교사는 해마다 학생들에게 같은 내용을 가르치고…… . 늘 반복되는 일을 하다 보면 업무에 타성이 생기면서 기계적으로 움직이게 되고, 지루함을 느끼며 그 일의 가치마저 의심하게 된다. 하지만 생각의 방향을 조금만 틀면 그 속에서 얼마든지 변화와 재미를 만들어낼 수 있다. 예를 들어 매표원이 표를 파는 일만 생각하지 말고 주변 환경에 변화를 주거나 영어 등 외국어를 배운다면 자기계발과 업무에 도움 될 수 있다. 프로그래머는 프로그램을 개발하는 일에서 나아가 그것의 소비 수요를 확대하기 위해 다양한 마케팅 방법을 연구하고 프로그램 업그레이드에 박차를 가하는 등 확대 재생산 속에서 재미를 찾을 수 있다. 교사는 매년 똑같은 수업을 하지만 최신 동향과 정보를 첨가해 학생들의 시야를 넓혀줄 수 있다.

한 사람이 자기 일을 무거운 짐으로만 생각한다면 일도 그 사람을 부담스럽게 여긴다. 반대로 일을 즐기면서 적극적으로 발전하고자 노력하는 사람은 결국 그 일로부터 보답을 받게 된다.

가보지 않은 길에 대한
두려움 버리기

어떤 일들은 우리가 상상했던 것과 전혀 다를 수 있고, 한 가지 일을 두고 사람들의 생각도 제각각이다. 그래서 진실을 알고 싶다면 직접 경험해보는 것이 가장 좋다. 근거 없는 소문은 판단력을 흐리게 하고, 일을 더 복잡하게 만들어 부지불식간에 심리적 부담을 가중한다.

가정과 학교를 떠나 사회에 발을 들이면 직장에서 자신의 입지를 다져나가야 한다. 그때는 어떤 상황을 막론하고 자신이 직접 경험하고 시도해보지 않은 일에 대해 타인의 생각이나 주장에 휩쓸려서는 안 된다. 때로는 갯벌 위를 걷듯 한 발을 내딛기조차 힘들 때도 생길 것이다. 하지만 그것 역시 자신이 선택한 길이기에 최선을 다해야 되 돌아봤을 때 후회가 남지 않는다.

사례   한 사람이 여행하는 도중에 크고 울창한 숲과 마주쳤다.

그는 그 숲을 보는 순간 깊숙이 들어갔다가 산짐승을 마주치거나 사고라도 당할까 봐 겁이 덜컥 났다.

하지만 이 숲만 통과하면 하루도 안 걸려 목적지에 도달할 수 있었다. 이 지름길이 아닌 다른 길로 돌아가면 며칠이 걸릴지 장담할 수 없었다. 그는 일단 현지 주민에게 이 숲길을 이용해도 괜찮은지, 위험 요소는 없는지 알아보고 결정하기로 했다.

그는 인근 식당에 들러 숲에 대해 알아보았다. 식당 주인은 그 숲이 위험하니 절대 가지 말라고 충고했다. 숲에 사는 늑대와 이름 모를 짐승이 마을로 내려와 잡아먹은 가축이 한두 마리가 아니라고도 했다.

여행자는 그 말에 마음이 흔들렸다. 그런데 그곳에서 만난 나무꾼은 전혀 다른 말을 했다. 그는 숲으로 나무를 하러 자주 가는데 맹수가 나타난 적이 단 한 번도 없었고, 가끔 뱀을 한두 마리 정도 본 게 전부라고 알려주었다. 여행자는 그 말에 안도하며 나무꾼에게 뱀 퇴치제를 얻었다. 하지만 식당 주인은 여전히 위험하다며 다른 길로 가라고 충고했다. 반면에 나무꾼은 그의 어깨를 토닥이며 겁먹을 거 없다고 격려를 해주었다.

결국 선택은 여행자의 몫이었고, 그는 숲길을 지나가기로 결심했다. 숲은 예상보다 훨씬 울창했고, 안으로 깊숙이 들어갈수록 고즈넉한 분위기를 자아냈다. 땅에 쌓인 낙엽을 밟으며 걸어가는 동안 간혹 뱀이나 토끼, 꿩이 나타나기도 했지만 무서울 정도는 아니었다. 여행자는 조심스럽게 숲을 통과했고, 마침내 목적지에 도착할 수 있었다.

이처럼 직접 경험해보기 전에는 누구도 숲의 진짜 모습을 알 수 없다. 여행자의 눈에 비친 숲은 두려운 곳이었지만 막상 들어가니 식당 주인이 말한 것처럼 무섭기만 한 곳은 아니었다. 하지만 그렇다고 해서 나무꾼이 말한 것처럼 쉽게만 볼 곳도 아니었다. 숲에는 가시덤불이 우거지고, 길이 제대로 이어지지 않아 쉽게 생각하고 방심하면 길을 잃고 큰 위험에 빠질 가능성이 컸다.

직장과 이 숲은 매우 닮아 있다. 잘 모르는 상태라면 두려움이 생기겠지만, 막상 직접 경험해보면 생각처럼 끔찍하지 않다는 것을 알 수 있기 때문이다.

직장에서 자리를 잡아가는 과정은 절대 녹록지 않다. 이것은 취업 전선에 뛰어들던 때와 흡사하다. 이력서를 수없이 제출하고, 면접을 보러 다니고, 불합격 통보를 받을 때마다 우리는 충격과 좌절에 휩싸이지만, 이내 툭툭 털고 일어나 다시 도전하기를 반복한다. 바로 이런 시련의 과정이 있어야 비로소 더 빨리 성장할 수 있고, 그 과정을 잘 극복해낸 사람만이 성공의 열매를 맺을 수 있다.

우리는 인생의 대부분을 직장에서 보낸다. 이 시간 동안 남의 말에 휘둘리지 않으면서 스스로 직접 경험하고 차근차근 단계를 밟아가야 한다. 그래야 우리의 삶에 가져오는 변화를 온전히 체험할 수 있다.

잠깐의 휴식으로
마음의 여유 찾기

사례   M은 예전에 한 회사에서 정원설계사로 일하다가 그만두고 상하이에서 사업을 시작했다. 그녀는 분수, 공예 조각상 등 다양한 정원 장식품을 판매하며 3년간 거의 매일을 하루 평균 12시간 넘게 일했다. 그 덕에 그녀의 사업은 단기간에 자리를 잡고 번창할 수 있었다.

하지만 아무리 강철 체력을 가진들 그토록 장기간 축적된 고강도 피로에 그녀의 몸도 결국 견뎌내지를 못했다. 그녀의 하루는 개인적인 시간을 거의 갖지 못한 채 오로지 일만으로 채워져 있었다. 그녀는 고객 상담을 할 때나 되어서야 커피를 마실 여유를 가질 수 있었는데, 점심 식사 후 휴식 시간조차 그녀에게는 사치였다. 보다 못한 주변 사람들이 직원을 고용해 점심시간 전후로 두세 시간 정도라도 좀 쉬라고 권할 정도였다.

그때까지만 해도 그녀는 남에게 일을 맡기면 안심이 안 된다며 시큰둥한 반응을 보였다. 하지만 주변에서 하도 난리를 치자 그녀는 시험 삼아 직원을 한 명 구한 후 하루 두세 시간 동안 가게를 떠나 자신만의 공간에서 휴식을 취했다. 그러자 놀라운 일이 벌어졌다. 피로가 조금씩 풀리고, 마음의 여유가 생기면서 새로운 아이디어도 하나둘 떠오르기 시작했다.

사업을 시작한 후 많은 고객이 그녀에게 정원 디자인 관련 조언을 구한 적이 있었다. 그녀는 지난 몇 년 동안 정신없이 바빠 그런 일을 대수롭지 않게 여겼다. 그런데 마음의 여유를 찾자 그것이 새로운 기회가 될 수 있을 거라는 확신이 들었다. 그녀는 그런 생각을 바로 행동으로 옮겨 정원설계 컨설팅 회사를 차렸고, 그것을 통해 새로운 판로를 개척할 수 있었다. 그리고 그 회사를 통해 정원설계에 대한 고객의 대중적 취향을 읽을 수 있었고, 그런 취향에 맞춰 상점의 장식품과 기구에도 변화를 주었다. 이뿐 아니라 그녀는 시간을 내서 여러 정원을 방문해 시야를 넓혔고, 창의적 아이디어를 바탕으로 정원설계 방면에서 천부적인 재능을 드러내기 시작했다.

이 모든 긍정적인 변화가 더 많은 이윤 창출로 이어졌고, 사업체 규모가 커지면서 직원도 늘어났다.

이처럼 그녀는 직원을 한 명 고용해 오랫동안 잊고 지냈던 점심시간의 휴식을 되찾았고, 그 시간 덕에 마음의 여유를 얻었고, 사고의 확장을 통해 새로운 세계를 개척했다. 이것이 바로 휴식의 역할이다.

많은 사람이 남들 쉴 때 필사적으로 일하면 성공까지의 시간을 단

축하고, 성공 후의 행복한 삶을 남보다 더 빨리 누릴 수 있을 거라고 생각한다. 사실 지혜롭고 성숙한 사람은 절대 이런 식의 사고와 선택을 하지 않는다.

그래서 사업을 하든 직장생활을 하든 쉬어야 할 때는 충분히 쉴 줄 알아야 한다. 바쁜 일로 말미암아 휴식 시간을 가질 수 없는 지경이더라도 방법을 궁리해서 짬을 내야 한다. 고효율의 일은 풍부한 에너지에서 오고, 풍부한 에너지는 충분한 휴식이 전제되어야 한다.

누구라도 일에만 몰두하고, 휴식 시간을 갖지 않는다면 최상의 상태에 도달할 수 없다. 적당한 휴식은 업무 효율을 높이고 건강을 지키기 위한 필수 요건이다.

사례 O는 스물아홉 살이지만 이미 외국계 무역 회사의 마케팅 부서 팀장 자리에까지 올랐다. 그는 더 높은 임원 자리를 목표로 밤낮없이 일했다. 그야말로 그는 휴일까지 반납하며 새로운 판로 개척을 위해 앞만 보고 달려갔다.

어느 날 한 직원이 7시도 안 된 시간에 회사에 도착했다. 당연히 사무실에 아무도 없을 거라고 생각하며 문을 열었다가 자신보다 일찍 나와 있는 그를 보고는 깜짝 놀라 물었다.

"팀장님, 왜 이렇게 일찍 출근하셨어요?"

그러자 창백한 낯빛으로 그가 대답했다.

"일찍 온 게 아니라 여기서 밤새웠거든."

"네? 그러다 몸 상하세요. 지금도 안색이 너무 안 좋아 보이는데, 좀 쉬셔야 할 것 같아요."

그가 손사래를 치며 말했다.

"괜찮아. 좀 전에 책상에 엎드려 잠깐 눈을 붙였거든. 내 걱정은 말고 일 보도록 해. 난 오늘 안에 처리해야 할 일이 아직 많이 남았어."

이 일이 임원진의 귀에까지 들어가자 그의 상사도 그를 불러 걱정스러운 듯 휴식을 권했다. 하지만 그는 연신 괜찮다며 건강에 자신감을 드러냈다.

"전 아직 젊어서 덜 자도 괜찮습니다. 회사를 위해서라면 이 정도 고생은 해야죠!"

이후로도 그는 자신의 건강을 돌보지 않고 일에만 매달렸고, 3년도 되지 않아 회사의 임원진으로 초고속 승진을 할 수 있었다. 하지만 승진 후 사흘째 되는 날 그는 심혈관이 파열되어 병원으로 실려 가고 말았다.

검사를 해보니 장기간 수면 부족이 혈압 상승으로 이어지면서 불거진 문제였다. 그날 그는 응급처치로 다행히 목숨은 건졌지만, 꼼짝도 할 수 없는 식물인간이 되고 말았다.

일만 하고 휴식을 뒷전으로 미루는 사람이 의외로 많다. 심지어 자신의 건강을 과신하며 쉬지 않고 매일 몸을 혹사하기도 한다. 물론 짧은 시간 안에 건강에 이상증세가 나타나지는 않겠지만, 장기간 지속되면 면역력이 떨어지고 체질 변화가 오면서 건강에 무리가 갈 수 있다.

누구나 '쉴 때 쉬고, 일할 때 일하는' 것이 가장 바람직하다고 생각하지만, 해야 할 일에 떠밀리다 보면 이 원칙을 간과하기 십상이다. 운동선수들은 규칙적인 휴식을 취해야 신체 기능을 효과적으로 유지하면서 지구력을 강화할 수 있다고 이구동성으로 말한다. 이런 이치는 비단 운동뿐 아니라 모든 분야에 똑같이 적용된다.

자신의 미래와 건강을 위해서라도 쉴 때는 반드시 쉬어주어야 한다. 건강을 잃으면 자신이 원하는 미래 역시 사라지기 때문이다. 누군가는 이렇게 말할지도 모른다.

"매일 처리해야 할 일이 잔뜩 있는데 쉴 시간이 어디 있어? 먹고 죽을 시간도 없어!"

사실, 이런 말은 핑계에 불과하다. 마음의 여유를 조금만 갖는다면 일을 하는 중간에 잠깐 산책하거나 잠시 눈을 붙이는 등의 휴식 시간을 얼마든지 가질 수 있다. 단 몇 분만이라도 이런 시간을 갖는다면 피로감이 확연히 사라지고 활력을 얻을 수 있다. 자신의 꿈을 위해 최선을 다하는 것은 물론 중요하다. 하지만 이보다 더 중요한 것은 건강이다. 건강을 잃는 순간 모든 걸 잃게 된다는 사실을 잊지 말자.

사명감과 직업의식으로
무장한 프로 직장인

직장에서 자기 몫의 일만 잘해냈다고 만족하면 발전이 있을 수 없다. 치열한 경쟁 시대에서 현재에 안주하면 도태될 수밖에 없다. 당연한 얘기지만 발전하려면 끊임없는 노력이 뒷받침되어야 한다.

사명감이 강한 사람일수록 발전을 추구하는 진취적 정신을 가지고 있다. 그들은 그것을 원동력 삼아 넘치는 열정과 에너지로 삶과 일에서 성공의 희열을 느낀다. 그들은 불가능한 상황을 미리 재단하지 않는다.

사례　미국 야구 역사상 가장 위대한 투수 중 한 명인 모데카이 브라운(Mordecai Brown)은 '쓰리 핑거'라는 별명으로도 유명하다. 그는 어릴 때부터 메이저리그 최고의 투수가 되는 것이 꿈이었다. 하지만 어느 날 사고로 오른손 중지를 심하게 다쳤고, 검지 대부분을 잃었다.

그때까지만 해도 두 손가락을 잃은 소년이 메이저리그 명예의 전당에 오를 선수로 성장할 줄은 아무도 몰랐다. 손가락을 다치기 전에는 최고의 투수가 될 기회가 얼마든지 있었지만, 오른손에 장애를 갖게 되자 그 꿈은 실현이 불가능해 보였다.

하지만 그는 꿈을 포기하지 않았고, 절망적인 현실에 주저앉기보다 남은 손가락을 이용해 공 던지는 법을 배워나가기 시작했다. 뼈를 깎는 노력 끝에 그는 지방 구단의 3루수가 되었다.

한번은 모데카이가 3루에서 1루로 공을 던질 때, 때마침 코치가 1루 바로 뒤에 서 있었다. 그는 빠르게 회전하는 볼이 미묘한 곡선을 그리며 1루수의 글러브로 떨어지는 것을 보며 흥분을 감추지 못했다.

"모데카이, 자네는 타고난 투수야! 자네의 제구력은 아무도 따라올 수 없어! 그 정도의 빠른 회전 속도라면 제아무리 날고 기는 타자도 헛스윙을 할걸?"

모데카이가 던진 공은 빠르고 스핀의 각도가 절묘해서 타자들은 속수무책으로 삼진아웃을 당하곤 했다.

최고의 투수가 되고자 했던 모데카이의 강한 사명감은 손가락 장애를 극복하고 전설의 투수로 등극하는 강력한 원동력이 되어주었다.

직장 안에서 계속 발전하고 싶다면 진취적인 마음뿐 아니라 부지런하고 성실하게 일하는 태도 역시 필요하다. 사명감을 가진 사람은 누구보다도 근면하고 적극적이며, 마치 누군가가 재촉이라도 하듯 서둘러 일을 마무리 짓는다. 그들은 '노력하지 않으면 성공도 없고, 오늘이 내일의 성공을 위한 발판이다'라는 말에 담긴 이치를 누구보다 잘 알고 있다.

사례   헬라스 필드(Hellas Field)는 유명한 기업인이자 대서양을 횡단하는 해저 케이블 사업의 발기인이다. 그의 성공 이면에도 부지런하고 성실한 태도가 자리 잡고 있다.

열여섯 살이 되던 해에 그는 부자가 되고 싶어 스톡브리지를 떠나 뉴욕으로 향했다. 집을 떠날 때 아버지는 8달러를 주었다. 이 돈은 온 가족이 아껴 쓰며 모은 돈이었다. 뉴욕에 도착한 후 그는 형의 집으로 갔고, 그 집에 머무는 동안 힘든 시간을 보내야 했다.

헬라스는 당시 뉴욕에서 가장 큰 건어물 마켓에서 일하게 되었다. 1년간 그는 새벽 6시부터 저녁 7시까지 잔심부름으로 50달러를 벌었다. 정직원이 된 후에는 아침 8시부터 가게 문을 닫을 때까지 일했다.

헬라스는 그의 자서전에서 이렇게 기술했다.

'나는 항상 가장 먼저 출근해 가장 늦게 퇴근하고자 노력했다. 그때 난 최고의 세일즈맨이 되고 싶었고, 마켓의 유통과 판매 등 다양한 분야의 일을 모두 배우려고 노력했다. 아마도 난 내가 어떤 노력을 하느냐에 따라 미래가 결정된다고 생각했던 것 같다.'

그는 매주 토요일 밤에 열리는 세미나에 참석하기 위해 비즈니스 도서관에 종종 들르기도 했다.

건어물 마켓은 매우 엄격한 규정에 따라 운영되었다. 그중 하나는 출근 시간, 점심 식사 시간, 저녁 식사 시간, 퇴근 시간을 기록하는 것이었다. 이 기록표에 따라 직원들은 출근을 늦게 하거나 점심 식사를 한 시간 이상 넘기거나 저녁 식사를 45분 초과할 경우 벌금을 내야 했다. 헬라스는 출근부터 퇴근까지 흠잡을 데 없이 원칙을 지켰을 뿐 아니라 마켓 일에도 최선을 다했다. 그의 이런 성실한 태도는 사장의 신임으로 이어졌고, 누구보다도 빨리 승진할 수 있었다.

직장에서 신임받고 중용되려면 철저한 직업정신과 프로의식이 있어야 한다. 직업정신은 책임감의 또 다른 표현이기도 하다. 자기 일에 직업의식이 있어야 회사 발전에 기여할 수 있다. 사명감과 직업의식은 떼려야 뗄 수 없는 관계이기도 하다.

직업의식은 마음속으로부터 우러나오는 일에 대한 애정과 충성 그리고 자신이 속한 회사에 대한 높은 책임감의 연장이자 승화이다.

성공 멘토 제임스 로빈스(James Robins)는 말했다.

"직업의식은 자신의 직업을 존경하고 존중하는 것입니다. 어떤 사람이 직업을 존중할 뿐 아니라 경건한 마음으로 대하고 심지어 경외하는 태도를 보인다면 그는 이미 직업의식을 가지고 있다고 볼 수 있습니다. 하지만 그의 경외심이 자신의 직업을 천직으로 바라보는 수준까지 도달하지 못했다면, 그 경외심은 직업의 본질과 정수를 아직 파악하지 못한 수준에 머물러 있는 겁니다. 천직이란 자기 직업을 신성하게 여기고, 사명감을 갖는 것이며, 자신의 삶과 직업이 하나로 연결되는 것을 말합니다. 자신의 직업을 삶과 신앙으로 생각할 줄 알 때 비로소 직업의식의 본질을 파악했다고 할 수 있습니다."

한마디로 직업의식은 사명감의 가장 직접적인 표현이라고 할 수 있다.

이기기 어려운 것과
이길 수 없는 것은 다르다

'불운과 맞서려면 자신의 나약함을 먼저 극복해야 한다.'

이는 에디슨의 명언이다. 어쩌면 자신의 나약함과 싸워 이기는 것이 사는 동안 가장 어려운 일인지도 모른다.

<blockquote>사례</blockquote> 세상에서 자신이 가장 힘세다고 여기는 사내가 있었다. 마을 사람들은 그를 '헤라클래스'라는 별명으로 불렀다. 그는 자신의 힘을 과시하며 사방에 도전장을 내고 다녔고, 절에 있는 거대한 불상을 도로 한복판에 옮겨다 놓고 힘자랑을 했다. 그는 사람들이 자신을 '헤라클래스'라고 부르며 환호해주기 전까지 그 불상을 절대 옮겨주지 않았다. 마을 사람들은 이런 일을 당할 때마다 골치가 아팠지만, 힘으로 그를 이길 수 없으니 그저 그의 비위를 맞춰줄 뿐이었다.

그러던 어느 날 그 마을을 찾은 한 이방인이 그에 대한 소문을 듣게

되었다. 그는 헤라클레스의 기행 때문에 마을 주민들이 힘들어한다는 이야기를 듣고 그의 콧대를 눌러주기로 했다.

헤라클래스는 이방인의 도전을 받아들였고, 두 사람은 마을에서 가장 번화한 곳에 커다란 링을 설치했다. 순식간에 구경꾼들이 모여 인산인해를 이루었고, 다들 이방인이 이기기를 은근히 기대했다. 하지만 헤라클래스의 힘이 만만치 않았기 때문에 누구도 이방인의 승을 낙관하지 못했다.

시합이 시작되자 헤라클래스가 거대한 무쇠 가마 두 개를 번쩍 들어 올렸다. 그 무쇠 가마 하나의 무게만 해도 200킬로그램은 족히 되었다. 그는 양손에 하나씩 무쇠 가마를 들고 링을 한 바퀴 위풍당당하게 돈 후 다시 원래 위치에 내려놓았다. 비록 호흡이 살짝 가빠지고 땀도 조금 흘렸지만, 그는 금세 체력을 회복하며 구경꾼들의 환호를 유도해 기선을 제압했다.

이방인의 순서가 되자 그는 무쇠 가마 두 개를 놀랍게도 한 손으로 들어 올렸다. 그가 가마를 들어 올리자 무대 아래서 함성이 터져 나왔다. 게다가 그는 무쇠 가마 두 개를 양손으로 번갈아들며 무대를 무려 다섯 바퀴나 돌았다.

승부는 이미 결정이 났다. 하지만 헤라클래스는 이방인의 힘이 자신보다 세다는 점을 알면서도 패배를 인정할 수 없었다. 그는 절대로 지고 싶지 않은 마음에 다급하게 소리쳤다.

"네 놈이 진짜 나보다 세다면 너 자신을 들어 올려봐라! 그럼 인정하지!"

그랬다. 이 이방인의 힘이 아무리 강한들 자신을 들어 올릴 수는 없었다.

사실 이 이야기 속 헤라클래스의 말은 누가 봐도 억지다. 그런데 그 말을 곱씹어보면 이것처럼 최강 레벨의 도전이 또 있을까 싶다. 아무리 강한 사람일지라도 자신과 싸워 이기는 것처럼 어려운 일이 없기 때문이다.

이기기 어렵다는 것과 이길 수 없는 것은 다르다. 그래서 예로부터 자신과 싸워 이길 수 있는 사람은 가장 성공한 인물이 되었다. 이런 논리대로라면 이방인은 자신과 싸워 이길 방도가 없으니 진정한 강자가 될 수 없는 셈이다.

자신과 싸워 이기려면 자신의 결점과 싸워야 하고, 그 승패의 관건은 그것을 인정하고 노력을 통해 고칠 수 있느냐에 달려 있다. 예를 들어 게으르거나 의지가 약한 사람은 목표 설정과 동기부여 등을 통해 좋은 습관을 갖기 위해 노력해야 하고, 이런 단점을 개선하지 못하면 어디서도 자신의 능력을 인정받으며 발전할 수 없다.

고난과 시련은 우리가 싸워 이겨야 할 도전의 대상이다.

세상이 불공평하다고 원망하며 늘 고인물처럼 사느니 변화를 위한 시도와 노력을 하는 편이 훨씬 발전적이다. 당신이 하늘에 대고 수천 수만 번을 원망한다고 해도 운명은 절대 바뀌지 않는다. 자신의 운명을 바꾸는 유일한 길은 불도저처럼 그 길을 뚫고 지나가 새로운 세상 속으로 자신을 데려가는 것뿐이다. 운을 타고나는 사람은 없다. 누군가의 성공과 행복만 부러워하고 그들이 걸어온 가시밭길을 보지 못한다면 허상에 빠져 세상만 원망하는 어리석음에 빠질 수 있다.

노력하지 않는 사람에게 성공의 문은 절대로 열리지 않는다. 설령 기회가 온다 해도 노력이 없으니 그걸 온전히 자기 것으로 만들 수 없다.

중국 춘추 시대 사상가 노자(老子)는 '남을 이기는 자는 힘이 센 것이고, 자신을 이기는 사람이 진정한 강자다'라고 말했다. 요컨대 자신을 이기려면 자신의 모든 결점과 싸워 이겨야 한다. 또한 그 어떤 좌절과 실패 앞에서도 낙담해서는 안 되며, 뜻대로 안 풀리는 모든 일에 대해 평정심을 유지해야 한다. 적극적이고 긍정적인 마음가짐으로 시련을 넘어서자. 난관 앞에서 마냥 주저앉아 있지 말고 다시 일어나 새로운 기회를 향해 계속 전진하자. 이길 수 없는 것 말고, 이기기 어려운 것을 이겨보자.

미루는 습관 극복하기

1판 1쇄 발행 2023년 1월 16일
1판 2쇄 발행 2023년 2월 15일

지은이 | 리스창
옮긴이 | 홍민경
펴낸이 | 최윤하
펴낸곳 | 정민미디어
주 소 | (151-834) 서울시 관악구 행운동 1666-45, F
전 화 | 02-888-0991
팩 스 | 02-871-0995
이메일 | pceo@daum.net
홈페이지 | www.hyuneum.com
편 집 | 미토스
표지디자인 | 강희연
본문디자인 | 디자인 [연:우]

ⓒ 정민미디어

ISBN 979-11-91669-41-1 (03320)